Oscar saggi

D1103104

Hermann Hesse

Le stagioni della vita

A cura di Volker Michels

Introduzione
di Eva Banchelli

Arnoldo Mondadori Editore

© Suhrkamp Verlag, Frankfurt am Main 1985
© 1988 Arnoldo Mondadori Editore S.p.A., Milano
Titolo dell'opera originale
Jedem Anfang wohnt ein Zauber inne
I edizione Oscar saggi ottobre 1988

ISBN 88-04-31527-X

Questo volume è sato stampato
presso Arnoldo Mondadori Editore S.p.A.
Stabilimento Nuova Stampa - Cles (TN)
Stampato in Italia - Printed in Italy

Redazione: Luciana Leoni

Ristampe:

4 5 6 7 8 9 10 11 12

1990 1991 1992 1993 1994 1995 1996 1997

Introduzione

Non stupisce che, nel cedere alla tentazione di offrire agli assidui lettori di Hermann Hesse un nuovo mosaico antologico dell'autore, la scelta sia caduta sul tema delle età o fasi della vita. Era anzi questa, ci sembra, una scelta quasi obbligata vista l'insistenza con cui lo scrittore di Calw ha confessato di avere sempre e soltanto raccontato, nelle centinaia e centinaia di pagine della sua opera, in un gioco di variazioni, richiami ed echi contrappuntistici, un'unica archetipica «biografia dell'anima», la storia del divenire uomo attraverso i tortuosi sentieri dell'esistenza. Un'esistenza che è governata, per Hesse, dalla legge sovrana del «trascendere» enunciata nei limpidi versi di *Gradini*, la lirica che è contenuta nel *Gioco delle perle di vetro*, il grande romanzo della sua vecchiaia, e da cui trae il titolo questa antologia. Il protagonista assoluto della pagina del nostro scrittore è infatti un essere costantemente in transito attraverso gli spazi e le stagioni della vita, consenziente all'avvicendarsi senza tregua di congedi e di nuovi inizi, pronto ad abbandonare ogni provvisorio conseguimento «per offrirsi sereno e valoroso / ad altri nuovi vincoli e legami». È questo fondamentale riconoscimento della natura itinerante dell'esperienza umana, del valore salvifico della caducità come segnale di appartenenza all'inarrestabile divenire del Tutto, che conferisce centralità nella narrativa del nostro autore al motivo dell'avventura della coscienza e della conoscenza esperita in forma di cammino, di via, di pellegrinaggio iniziatico. In *Una piccola dissertazione di teologia*, una celebre pagina di riflessioni teoriche illuminante per la sua intera poetica, Hesse ha visto tale percorso segnato da stazioni o «gradi» universali e ineludibili e scandito da un ritmo triadico che appare mutuato dalle sintesi pedagogiche del tardo Settecento tedesco (Lessing, Schiller, Hölderlin) infiltrate, secondo un procedimento sincretista caratteristico dello scrittore, dall'apporto della psicologia del profondo, della filosofia di Nietzsche e del pensiero orientale. La via di ognuno, è detto dunque in quel breve saggio del 1932, prende le mosse dall'abbandono del paradiso, dall'uscita dal limbo dell'innocenza e dell'irresponsabilità, da un eden di totale indentità fra io e cosmo, che ricorda per molti versi lo stato descritto da Hugo von Hofmannsthal come «pre-esistenza».

Il secondo stadio coincide invece in gran parte con quello che C.G. Jung ha chiamato il processo di individuazione, e che Hesse, suo paziente e studioso, ha poeticamente ridefinito, con una famosa e discussa formulazione, come «la via interiore», ossia lo sforzo, tragico quanto imprescindibile, di aderire totalmente alla propria incomparabile autenticità, cercando nel contempo un'impossibile sintonia fra la voce di questo Sé profondo (che il lettore della nostra antologia troverà espresso col termine «anima») e le esigenze delle leggi che governano il mondo. Questa fase contiene dunque necessariamente l'esperienza della disperazione e del naufragio: il naufragio negli abissi del proprio «caos» interiore e in quelli stritolanti della cultura e della storia. A tale esperienza Hesse ha dedicato, com'è noto, il corpus maggiore della sua produzione narrativa. Quei viandanti, quei «vagabondi dell'anima», che sono i suoi personaggi prediletti anche quando il loro percorso si snoda lungo un paesaggio che è pura metafora dell'itinerario interiore (si pensi a *Demian*, a *Siddhartha*, al *Lupo della steppa*), sperimentano nell'età adulta e amara della vita la labilità dei confini fra natura e spirito, fra eros e logos, fra uomo e bestia nei quali l'illusione borghese della legge e del limite, la civiltà dell'antitesi, la cultura del sì e del no hanno rinchiuso, mutilandola, l'infinita molteplicità del reale. Eppure solo la coscienza dolorosa di questa lacerazione (la scissione fra il mondo della luce e quello delle tenebre cui è intitolato il capitolo di *Demian* citato per esteso nel presente volume), solo il transito attraverso i contrasti e la caducità dell'esistenza (il *samsara* di *Siddhartha*), solo la partecipazione totale alla condizione e alla storia umana possono – a chi non sia stato schiacciato da troppo sgomento – dischiudere l'accesso al grado successivo, «a un terzo regno dello spirito» – come è detto ancora nel saggio sopra citato – «a una condizione al di là della morale e della legge, a una nuova più alta forma di irresponsabilità...». È l'utopia hessiana dell'annullamento dei confini stessi della particolarità egoica, è la speranza palingenetica di pervenire a uno stato di Grazia, di Redenzione nel quale sublimare il proprio Sé donandolo alla comunione con Tutto.

Il passaggio dall'una all'altra di queste fasi, e soprattutto il decisivo salto verso l'anelata condizione finale, non avviene mai per Hesse secondo modalità storiche, non scaturisce cioè come conseguenza di un certo sviluppo, di certe azioni e scelte, ma si rende possibile all'improvviso nell'esperienza di un'illuminazione, di un «risveglio» di natura mistica e ineffabile, che può trarre origine anche dai fatti più banali e apparentemente insignificanti della vita. «Ciò che a queste vicende conferisce peso e forza persuasiva» spiegherà Josef Knecht, il protagonista del *Gioco delle perle di vetro*, toccato da una simile abbagliante rivelazione «non è il loro contenuto di verità, la loro elevata origine, la loro divinità o simili, bensì la loro realtà. Esse sono immensamente reali; come ad esempio un violento dolore fisico o un improvviso fatto naturale, una burrasca o un terremoto, sono per noi carichi di realtà, di presente, di ineluttabilità, ben diversi dalle situazioni e dai tempi consueti.»

In ossequio alla concezione hessiana del ritmo triadico dell'esistenza la nostra antologia si presenta organizzata in tre sezioni, una dedicata alla stagione dell'infanzia/adolescenza come iniziazione alla vita, una all'età matura impegnata nel compito sovrano di cercare e realizzare «l'anima», e l'ultima concentrata sullo sforzo della vecchiaia di liberarsi dalla prigione dell'io e di riconciliarsi con l'essere. Ognuna di queste sezioni, composte da un montaggio di testi disparati non ordinati cronologicamente (citazioni dalle lettere e da alcuni dei romanzi maggiori, liriche, pagine giovanili sconosciute, brevi saggi), dedica ampio spazio all'istante del «risveglio» come segnale dei fondamentali riti di passaggio dell'esistenza, privilegiando tuttavia gli aspetti quotidiani, poco appariscenti delle esperienze da cui esso scaturisce. È del resto carattere precipuo di questa sorta di breviario hessiano la scelta di testi che potremmo definire di facile presa, e di un tono edificante, piano, colloquiale, che offre al lettore ampi e gratificanti possibilità di identificazione, mentre del tutto trascurati appaiono quei tratti di eccezionalità maledetta e trasgressiva o di estatica veggenza che Hesse ha attribuito in realtà molto spesso ai suoi protagonisti. L'esistenza che questa antologia ripercorre ha un flusso tranquillo e rassicurante, ritmato dalle piccole grandi cose che capitano a tutti e che di tutti hanno segnato la crescita: la perdita precoce di un amico e la tentazione del cattivo compagno, la prima ferita d'amore e le disillusioni coniugali, i cambiamenti di casa, la morte del padre, la malinconia del tempo che passa e il crescente consenso alla propria caducità. Particolare risalto viene dato al congedo dalla fanciullezza e dall'adolescenza, non senza menzionare il disprezzo e il rancore che lo scrittore svevo nutriva nei confronti delle istituzioni coercitive dell'educazione tradizionale, alle quali ha dedicato alcune delle sue opere più significative. Nella pagina di memorie *Dal tempo dell'infanzia* (1904) le promesse della primavera – quella della natura e quella della vita – vengono bruscamente spezzate dall'incontro con la malattia e con la morte di un compagno di giochi: un disincanto amaro e tuttavia indispensabile perché, come sentenzia anche la breve poesia *Il fanciullo e la primavera* (1907), «nel dolore solo e nell'oscurità/ nasce il dolce frutto».

Ben più dense e interessanti sono, in questa prima parte, le due lunghe prose della maturità poetica di Hesse, l'autobiografico *Un istante di risveglio*, dedicato al ricordo del fratello Hans morto suicida in età adulta, e il già citato capitolo *Due mondi* da *Demian*. Si tratta di variazioni – l'una in forma memorialistica e l'altra narrativa – sul motivo della perdita dell'innocenza e della percezione improvvisa di trovarsi sulla soglia oscura e affascinante della vita, da cui non c'è ritorno. Ogni crescita si manifesta, del resto, per Hesse come morte di una parte di sé e produce un senso inquietante di arricchimento (della coscienza) e impoverimento (dell'ingenuità), che accompagnerà anche in seguito ogni istante di «risveglio»; tale ambivalenza di sentimenti si avverte soprattutto nella storia di Emil Sinclair, il protagonista di *Demian*, il quale sperimenta attraverso un episodio di crudeltà infantile il tormento del distacco dall'universo rassicurante dei valori paterni, riconoscendo tuttavia nel contempo il valore emancipativo della colpa e del peccato nell'intuizione della necessaria complementarità di Bene e di Male, del valore elettivo del «marchio di Caino».

Ancora più che nei brani dedicati ai momenti di svolta dalla fanciullezza all'età adulta, in quelli che hanno per tema la maturità della vita l'attenzione si concentra sull'«ora dorata» di una pienezza e di una sazietà ormai estreme, pronte a cedere a una nuova mutazione. L'adulto della nostra antologia si è già lasciato alle spalle il compito della costruzione di sé, le peripezie e le avventure della conoscenza; non è più il vagabondo-artista temerario e insaziato attorno al quale ruotano i romanzi maggiori di Hesse, che vengono qui infatti vistosamente trascurati. Egli è pronto a «lasciarsi andare», a rinunciare a divenire – a «entwerden», come dice il nostro scrittore con i mistici tedeschi – per persuadersi a «tornare a casa» nel grembo originario della Madre, la figura mitico-simbolica che Hesse mutua da Jung e da Bachofen, nella quale l'identità individuale, finalmente redenta, si disperde nell'essenza infinita: «... tutto ritorna volentieri/ della morte nel nulla./ Solo la Madre riman, l'eterna Madre/ che ci donò la vita:/ il nostro nome scrive ella nell'aria/ con lievi dita».

Ricorrente in questa sezione – e in particolare nel lungo frammento dal *Klingsor* (*Caducità*) – è perciò l'immagine della tarda estate, che svela dietro la sua esuberante ricchezza ancora apparentemente intatta (e si noti la raffinata tavolozza cromatica che la pagina hessiana esibisce in questa occasione) segnali di declino e di stanchezza, perché «l'uomo del tramonto» impari a riconoscere nella transitorietà che governa la natura e il cosmo la cifra di un ritmo universale di morte e di rinascita e a desiderare di ricongiungersi a esso. In questo senso anche le riflessioni di *Fine estate* e i due lunghi scritti autobiografici *In memoria di mio padre* e *Entrando in una casa nuova* non fanno che variare, sul piano di esperienze più dimesse e «qualunque», il motivo dell'accettazione della fine e della precarietà che, nel *Klingsor*, si cala nella «follia visionaria» (F. Masini) di un'esistenza geniale e selvaggia.

Nell'ultima parte del volume all'uomo hessiano che è riuscito ad attraversare i contrasti dell'esistenza sorridendo della loro illusorietà, intuendo oltre la dissonanza e la lacerazione «la melodia a due voci della vita», è concessa una vecchiaia riscattata da ogni angoscia del congedo estremo. Essa è l'età della saggezza a un tempo pacata e umoristicamente disincantata; aleggia sul volto-maschera dei grandi vegliardi, ai quali Hesse ha affidato nelle opere maggiori il suo utopico messaggio di riconciliazione con la vita come con la morte (si pensi a Siddhartha o al Magister Musicae del *Gioco delle perle di vetro*, al volto trasfigurato di Goethe nelle pagine di *Goethe e Bettina*, o al protagonista della breve *Parabola cinese* alla fine di questo volume), il sorriso astratto di chi ha conquistato quella «psicologia dall'occhio cosmico, sotto il cui sguardo non c'è più nulla di piccino, di

sciocco, di brutto, di malvagio, ma tutto è santo e venerabile»
(*Psicologia balneare*). Solo allora l'esperienza del «risveglio» si
manifesta con un'immediatezza assoluta che annulla ogni modalità logico-discorsiva, ogni tensione alla forma e alla comunicazio-
ne, nell'estasi della pura intuizione. La natura diventa così per il
vecchio di Hesse – creatura fatta più di silenzio e d'immobilità che
di parole e d'azione – una riserva inesauribile di eventi simbolici in
cui si rivela il «grande mistero» di cui egli si sente ormai parte. I
testi più significativi di quest'ultima sezione, in particolare la
meditazione in prosa *Armonia di movimento e quiete* e la lirica
Foglia appassita, tentano di raccontare queste visioni pur cono-
scendone l'intima indicibilità. È questo, del resto, il paradosso che
percorre l'intera esperienza poetica di Hesse, cosciente di muoversi per i territori segreti della rivelazione ultima e trascendenta-
le, che sono preclusi all'insufficienza semantica della parola e alla
coerenza strutturale dell'epica. «Ma lei conosce davvero» chiede-
va lo scrittore in una lettera del 1932 a Günther Eich «una
qualsiasi poesia o filosofia che non tenti se non esattamente di
rendere possibile l'impossibile, di esplorare il proibito con senso di
responsabilità?» Hesse ha risposto a questa sfida sovvertendo e
contaminando le forme narrative tradizionali, oppure abbando-
nandole in favore di una prosa saggistica e di una lirica riflessiva,
che questa antologia ha voluto ampiamente prediligere, essendo
tematicamente racchiusa, come abbiamo visto, nell'ambito ineffabile per eccellenza, quello del «risveglio», della rivelazione del
senso segreto del vivere nel corso delle sue diverse stagioni, vale a
dire là dove è più facile che naufraghi l'ambizione al racconto e
tanto più al romanzo. Questo spiega, in parte, l'assenza di
frammenti dalle opere narrative maggiori di Hesse; ma certamente era negli intenti del curatore anche quello di familiarizzare il
lettore con un versante meno noto, per quanto più divulgativo e
consolatorio, della produzione dello scrittore tedesco. Questa
scelta ha dunque certamente una sua validità rappresentativa, a
patto in ogni caso che l'incursione antologica nel mondo poetico di
Hesse solleciti la curiosità per i testi nella loro forma integra e
originale, ancorché più impegnativa e inquietante: un'operazione
indispensabile a chi voglia cogliere il reale spessore artistico e
intellettuale dell'autore.

Eva Banchelli

Le stagioni della vita

Ogni uomo però non è soltanto lui stesso; è anche il punto unico, particolarissimo, in ogni caso importante, curioso, dove i fenomeni del mondo s'incrociano una volta sola, senza ripetizione. Perciò la storia di ogni uomo è importante, eterna, divina, perciò ogni uomo fintanto che vive in qualche modo e adempie il volere della natura è meraviglioso e degno di ogni attenzione. In ognuno lo spirito ha preso forma, in ognuno soffre il creato, in ognuno si crocifigge un Redentore. [...]

La vita di ogni uomo è una via verso se stesso, il tentativo di una via, l'accenno di un sentiero. Nessun uomo è mai stato interamente lui stesso, eppure ognuno cerca di diventarlo, chi sordamente, chi luminosamente, secondo le possibilità. Ognuno reca con sé, sino alla fine, residui della propria nascita, umori e gusci d'uovo d'un mondo primordiale. Certuni non diventano mai uomini, rimangono rane, lucertole, formiche. Taluno è uomo sopra e pesce sotto, ma ognuno è una rincorsa della natura verso l'uomo. Tutti noi abbiamo in comune le origini, le madri, tutti veniamo dallo stesso abisso; ma ognuno, tentativo e rincorsa dalle profondità, tende alla propria meta. Possiamo comprenderci l'un l'altro, ma ognuno può interpretare soltanto se stesso.

BAMBINO

Mi hanno punito
ora taccio,
mi addormento piangendo
sereno mi desto.

Mi hanno punito
mi dicono piccolo,
non voglio più piangere
mi addormento ridendo.

I grandi, zio, nonno,
muoiono,
ma io, io resto
per sempre qui.

DAL TEMPO DELL'INFANZIA

Il bosco lontano e scuro mostra da pochi giorni un gaio
scintillio di verde novello; oggi lungo la staccionata ho
trovato quasi schiuso il primo fiore di primula; nel cielo
umido e chiaro sognano le lievi nuvole d'aprile, e i vasti
campi appena arati sono di un bruno così splendente e si
protendono così bramosi verso l'aria tiepida che sembrano
struggersi dal desiderio di ricevere e germogliare, e di
mettere alla prova, sentire e donare le proprie mute forze a
migliaia di verdi gemme e di fili d'erba che si tendono verso
l'alto. Tutto è attesa, tutto si prepara, tutto sogna e prende
vita in uno stato di sottile e dolcemente pressante febbre di
crescita – il germoglio verso il sole, la nuvola verso il
campo, l'erba novella verso le brezze. Ogni anno in questo
periodo me ne sto desideroso e impaziente ad aspettare,
come se un attimo speciale mi dovesse schiudere il miracolo
del risveglio, come se dovesse accadere che improvvisa

Kleiner Knabe

Hat man mich gestraft,
Halt ich meinen Mund,
Weine mich in Schlaf,
Wache auf gesund.

Hat man mich gestraft,
Heisst man mich den Kleinen,
Will ich nicht mehr weinen,
Lache mich in Schlaf.

Grosse Leute sterben,
Enkel, Grosspapa,
Aber ich, ich bleibe
Immer, immer da.

o

mente, per un'intera ora, io riesca a percepire nella sua interezza la rivelazione della potenza e della bellezza e afferri e assista al modo in cui la vita sprizza ridendo dalla terra e spalanca i giovani occhi alla luce. Anno per anno risuona e mi passa accanto aulente il miracolo, amato e invocato – eppure mai colto; è là e io non lo vidi arrivare, non vidi aprirsi l'involucro del germoglio e tremare alla luce il primo tenero bocciolo. Ovunque si ergono improvvisamente fiori, gli alberi scintillano con chiaro fogliame o con infiorescenze spumeggianti di bianco, e gli uccelli esultanti si lanciano volteggiando attraverso l'azzurro. Il miracolo si è compiuto, anche se io non l'ho potuto vedere: i boschi formano volte e le cime lontane chiamano, ed è tempo di preparare stivali e bisaccia, canna da pesca e remi, e di gioire con tutti i sensi del nuovo anno, che ogni volta è più bello di quanto mai fu, e ogni volta sembra avanzare più rapido. Come era lunga, inesauribilmente lunga la primavera un tempo, quando ero ancora un bambino!

E quando l'ora lo concede e sono di buon umore, mi sdraio nell'erba umida o mi arrampico sul tronco robusto più vicino, mi dondolo fra i rami, annuso il profumo dei boccioli e la resina fresca, vedo confondersi sopra di me l'intrico dei rami e il verde e l'azzurro ed entro da sonnambulo, come un ospite silenzioso, nel felice giardino della mia infanzia. Avviene così raramente ed è così meraviglioso proiettarsi ancora una volta laggiù, respirare la chiara aria mattutina della prima giovinezza, vedere di nuovo, per attimi, il mondo così come uscì dalle mani di Dio e come noi tutti lo abbiamo visto ai tempi della fanciullezza, quando in noi stessi si dispiegava il miracolo della forza e della bellezza.

Allora nella brezza si ergevano gli alberi in modo così lieto e vigoroso, allora nel giardino spuntavano il narciso e il giacinto, così splendidamente belli; e gli esseri umani, che conoscevamo ancora così poco, ci venivano incontro gentili e indulgenti, perché sulla nostra fronte liscia sentivano ancora l'alito del divino, di cui nulla sapevamo e che, senza volerlo né intuirlo, perdemmo nell'impeto della crescita. Che ragazzo vivace e indomito ero! Quante preoccupazioni ho dato fin da piccolo a mio padre e quante paure e sospiri a mia madre – eppure anche sulla mia fronte vi era il fulgore di Dio, e ciò che guardavo era bello e vivo, e nei miei pensieri e nei sogni, anche se non avevano nulla di religioso, entravano e uscivano, a me familiari, angeli e prodigi e fiabe.

All'odore della campagna appena arata e al verde nascente dei boschi è legato un ricordo dell'infanzia che mi assale a ogni primavera e mi induce a rivivere per ore quel tempo misterioso, per metà dimenticato. Anche ora vi penso e voglio provare, se è possibile, a raccontarlo.

Nella nostra stanza da letto le imposte erano chiuse, e io giacevo mezzo desto nel buio, sentendo mio fratello minore respirare in modo cadenzato e regolare, ed ero preso ancora una volta dallo stupore, ché a occhi chiusi invece della nera oscurità vedevo solo colori, cerchi viola e rosso cupo che si allargavano sempre più e si fondevano nelle tenebre e di continuo si rinnovavano, partendo dal loro centro, ognuno bordato da una sottile striscia gialla. Ascoltavo anche il vento che giungeva dalle montagne a refoli pigri e tiepidi, delicatamente s'insinuava fra i grandi pioppi e a tratti si appoggiava greve contro il tetto scricchiolante. Di nuovo mi dispiacque che i bambini non potessero rimanere alzati fino a tardi e uscire o almeno stare alla finestra, e pensai a una notte in cui la mamma aveva dimenticato di chiudere le imposte.

Allora mi ero svegliato nel cuore della notte, piano piano mi ero alzato ed ero andato esitante alla finestra: lì davanti era tutto stranamente chiaro, niente affatto buio e cupo come mi ero immaginato. Ogni cosa aveva un aspetto indistinto, sfumato, smorto; grandi nuvole si spostavano per tutto il cielo e le montagne bluastre e nere sembravano confluirvi, quasi avessero tutte paura e cercassero così di sfuggire a un'imminente disgrazia. I pioppi dormivano e apparivano sbiaditi, come qualcosa di morto o di estinto;

nel cortile vi erano però come sempre la panca e il trogolo e il giovane castagno, anch'esso un po' fiacco e opaco. Non seppi se fu lungo o breve il tempo che rimasi seduto alla finestra a guardare dall'altra parte il mondo pallido e trasformato: cominciò allora a lamentarsi nelle vicinanze un animale, impaurito e pronto al pianto. Poteva essere un cane o anche una pecora o un vitello, che si era svegliato e al buio aveva provato paura. Il timore prese anche me, e tornai a cercare rifugio nella mia camera e nel mio letto, incerto se piangere o no. Ma prima di averne il tempo, ero già addormentato.

Stavolta fuori, dietro le imposte chiuse, ogni cosa giaceva di nuovo misteriosa e in attesa, e sarebbe stato così bello ed eccitante poter guardare ancora fuori. Mi immaginai di nuovo gli alberi grigi, la luce fioca e incerta, il cortile ammutolito, le montagne che fuggivano via insieme alle nuvole, le smunte strisce nel cielo e la pallida strada maestra che luccicava indistinta nella livida lontananza. Quand'ecco passare di soppiatto, avvolto in un grande mantello nero, un ladro o un assassino, oppure qualcuno che si era smarrito e correva laggiù avanti e indietro, impaurito dalla notte e inseguito da animali. Forse un bambino, grande come me, che si era perso o era scappato o era stato rapito o era rimasto senza genitori, e pur se coraggioso, poteva essere ucciso dal primo fantasma della notte o preso dal lupo. Forse i briganti lo portavano con loro nel bosco, ed egli stesso diventava un bandito, riceveva una spada o una pistola a due canne, un grande cappello e stivali alti da cavaliere.

Bastava solo un passo, un abbandonarsi senza volontà, e io sarei entrato nel paese dei sogni per vedere tutto con gli occhi, e per afferrare con le mani ciò che ora era ancora ricordo e idea e fantasia.

Ma non mi addormentai, perché in quel preciso momento, attraverso il buco della serratura della mia porta, giunse fino a me dalla stanza dei genitori un fiotto di luce debole e rossastra, riempiendo pallida e tremante l'oscurità e dipin-

gendo una macchia gialla dentellata sulla porta del cassettone, che di colpo prese a brillare debolmente.

Era mio padre che andava a letto. Lo sentii camminare
piano per le stanze con le sole calze, e subito percepii anche
la sua voce profonda e smorzata. Egli parlò ancora un po'
con la mamma.

«I bambini dormono?» lo sentii chiedere.

«Sì, già da un pezzo» disse la mamma, e io mi vergognai
di essere ancora sveglio. Poi vi fu silenzio per un momento,
ma la luce continuò a brillare. L'attesa si faceva lunga per
me, e il torpore stava già per chiudermi gli occhi, quando la
mamma riprese.

«Hai anche chiesto del Brosi?»

«Gli ho fatto visita di persona» disse il padre. «Questa
sera sono stato là. Fa davvero pena.»

«Sta così male?»

«Molto male. Vedrai, quando arriva la primavera, se lo
porterà via. Ha già la morte in faccia.»

«Che ne pensi» disse la mamma «devo mandargli il
bambino una volta? Forse potrebbe fargli bene.»

«Come vuoi» rispose mio padre «ma non è necessario.
Che ne può capire un bambino così piccolo?»

«Allora buona notte.»

«Buona notte.»

La luce si spense, l'aria smise di tremolare, pavimento e
porta del cassettone si fecero di nuovo indistinti, e quando
richiusi gli occhi, potei di nuovo veder fluttuare e crescere
anelli viola e rosso cupo dal bordo giallo.

Ma mentre i miei genitori si addormentavano e tutto era
silenzioso, la mia anima improvvisamente eccitata familia-
rizzò prepotentemente con la notte. Il discorso compreso a
metà vi era caduto come un frutto nello stagno, dando vita a
piccole onde che ora correvano su di essa fugaci e tremanti,
facendola fremere di allarmata curiosità.

Il Brosi, quello di cui avevano parlato i genitori, era quasi
sparito dal mio orizzonte, tutt'al più era ancora un ricordo
sbiadito e quasi spento. Ora egli, di cui io a malapena

sapevo ancora il nome, si fece lentamente strada e divenne nuovamente un'immagine viva.

Dapprima fui solo consapevole di aver in precedenza spesso sentito questo nome e talvolta di averlo pronunciato io stesso. Poi mi venne in mente un giorno d'autunno, in cui avevo ricevuto in regalo delle mele da qualcuno. Mi ricordai che era stato il padre di Brosi, e così all'improvviso seppi di nuovo tutto.

Vidi dunque un bambino grazioso, di un anno più grande di me, ma non più alto; si chiamava Brosi. Forse l'anno prima suo padre era diventato nostro vicino e il ragazzo mio compagno; tuttavia la mia memoria non riusciva più a risalire fino a quel tempo. Lo rividi ora in modo distinto: possedeva un berretto di lana blu fatto a maglia con due curiosi pompon, portava sempre mele o pane affettato nella sacca, e ogni volta che cominciavamo ad annoiarci aveva sempre pronti un'idea, un gioco, una proposta. Portava un gilè anche nei giorni feriali, cosa per cui lo invidiavo molto, e prima non gli avevo quasi attribuito forza fisica, ma poi una volta sollevò il garzone del fabbro del villaggio, che lo scherniva per il pompon del berretto (l'aveva fatto a maglia sua madre), e io allora ebbi per un momento paura di lui. Possedeva un corvo addomesticato, a cui in autunno avevano messo nel mangime troppe patate novelle ed era morto, e noi lo avevamo seppellito. La bara era una scatola, ma era troppo piccola e il coperchio non rimaneva mai sopra; io tenni un'orazione funebre come un vero parroco, e quando il Brosi cominciò a piangere, il mio fratellino minore non poté fare a meno di ridere. Allora il Brosi lo picchiò, e io lo colpii di ritorno; il piccolo strillò e noi ci separammo correndo. Poi venne da noi la madre di Brosi e disse che il ragazzo era dispiaciuto e che se avessimo voluto andare da lei l'indomani pomeriggio, ci sarebbero stati caffè e ciambella, questa era già in forno. E durante la merenda il Brosi ci raccontò una storia, che proprio nel mezzo ricominciava daccapo, e sebbene io non riuscissi mai a ricordarla, non potevo fare a meno di ridere ogni volta che ci pensavo.

Ma questo fu solo l'inizio. Mi vennero in mente contemporaneamente migliaia di eventi, tutti dell'estate e dell'inverno in cui Brosi era stato mio compagno, me li ero praticamente tutti dimenticati in quel paio di mesi da quando egli non veniva più. Ora mi incalzavano da ogni parte, come uccelli, quando in inverno si gettano chicchi di grano, tutti insieme come una nuvolaglia.

Mi ricordai dello splendido giorno autunnale in cui il falco del contadino aveva attraversato la rimessa. L'ala spuntata gli era cresciuta, aveva limato la catenella d'ottone che gli legava la zampa e aveva abbandonato l'angusto e buio capannone. Ora sedeva tranquillo sul melo di fronte alla casa, e lì davanti sulla strada si era riunita almeno una dozzina di persone, che guardava in alto e parlava e faceva proposte. Noi ragazzi, il Brosi e io, provavamo una strana sensazione di angoscia per come rimanevamo là con tutti gli altri a osservare l'uccello che se ne stava silenzioso sull'albero e guardava giù in modo audace e sfrontato. «Quello non torna!» gridò uno. Ma Gottlob il garzone disse: «Se potesse ancora volare sarebbe già da un pezzo sopra monti e valli». Il falco saggiò più volte le grandi ali, senza lasciare con gli artigli il ramo; noi eravamo tremendamente eccitati, e io stesso non sapevo che cosa mi avrebbe rallegrato di più, se la sua cattura o la sua fuga. Infine Gottlob accostò una scala, vi salì e allungò la mano verso il falco. Allora l'uccello lasciò andare il ramo e cominciò a sbattere con forza le ali. A noi ragazzi il cuore martellò così forte, che a malapena potevamo respirare; fissammo incantati il bell'uccello che sbatteva le ali, e poi giunse lo splendido momento in cui il falco diede un paio di grandi colpi, e come si accorse che sapeva ancora volare salì lento e maestoso in ampi cerchi sempre più in alto nell'aria, finché divenne piccolo come un'allodola e sparì silenzioso nel cielo splendente. Noi, quando la gente si era già da tempo dispersa, eravamo ancora là, le teste tese verso l'alto a scrutare il cielo intero poi all'improvviso il Brosi levò alto nell'aria un'esclamazione di gioia e rivolto all'uccello gridò: «Vola, vola, ora sei di nuovo libero».

Non potei fare a meno di pensare anche alla rimessa del vicino. Ce ne stavamo accoccolati lì quando la pioggia veniva giù sul serio; rannicchiati insieme nella semioscurità, ascoltavamo il suono e il fragore dell'acquazzone e osservavamo il pavimento del cortile, dove nascevano, sfociavano, si intersecavano e cambiavano forma e direzione ruscelli, torrenti e laghi. E una volta mentre eravamo così rannicchiati e in ascolto, il Brosi cominciò a dire: «Pensa, ora viene il diluvio universale, che possiamo fare? Tutti i villaggi sono ormai sommersi, l'acqua arriva già fino al margine del bosco». Immaginammo ogni particolare, mentre spiavamo tutt'attorno nel cortile e ascoltavamo la pioggia che cadeva a dirotto, percependo in questa il mugghio di lontani flutti e di correnti marine. Dissi che dovevamo fare una zattera con quattro o cinque travi, che avrebbe senz'altro retto noi due. Allora il Brosi mi rimproverò gridando: «E tuo papà e la mamma, e mio padre e mia madre, e il gatto e il tuo fratellino? Quelli non li porti?». Nell'eccitazione e nel pericolo non vi avevo di certo pensato, e per giustificarmi mentii: «Avevo immaginato che fossero già tutti morti». Ma egli si fece pensieroso e triste, perché si raffigurava quello scenario in maniera precisa, e allora disse: «Adesso giochiamo a qualcos'altro».

All'epoca in cui il suo povero corvo era ancora in vita e saltellava tutt'intorno, lo portammo con noi nella casetta nel giardino e lo mettemmo sulla trave trasversale, dove prese a correre avanti e indietro, perché non riusciva a scendere. Gli tesi l'indice e per scherzo dissi: «Dai, Jakob, mordi!». E mi beccò il dito. Non mi fece particolarmente male, ma io diventai furioso e cercai di colpirlo con l'intenzione di punirlo. Ma il Brosi mi afferrò per la vita e mi bloccò, finché l'uccello per la paura non scese giù dalla trave e si mise in salvo all'aperto. «Lasciami» gridai «mi ha morso!» e lottai con lui.

«Tu stesso gli hai detto: Jakob, mordi!» gridò il Brosi e mi spiegò in modo chiaro e netto che l'uccello era dalla parte della ragione. Io, arrabbiato per la sua pedanteria, dissi: «Per me va bene», ma in segreto decisi che mi sarei vendicato del corvo un'altra volta.

Poi, quando Brosi era già fuori dal giardino ed era a metà strada da casa, mi chiamò ancora e tornò indietro, e io lo aspettai. Si avvicinò e mi disse: «Ma mi prometti che a Jakob non farai più niente, vero?». Poiché ostinato non diedi risposta, mi promise due grosse mele, io accettai ed egli si avviò verso casa.

Poco dopo maturarono sull'albero del giardino di suo padre le prime mele; egli mi diede allora le due promesse, fra le più belle e grosse. Ora mi vergognavo e non volevo accettarle, finché egli disse: «Su prendi, non è più per via di Jakob; te le avrei date comunque, e anche il tuo fratellino ne avrà una». Allora le presi.

Una volta corremmo per i prati per l'intero pomeriggio e poi ci addentrammo nel bosco, dove cresceva il morbido muschio. Eravamo stanchi e ci sedemmo per terra. Un paio di mosche ronzavano intorno a un fungo e solcava l'aria ogni sorta di uccelli, di cui ne conoscevamo alcuni, ma non la maggior parte. Udimmo anche un picchio becchettare instancabile, e ci sentivamo così perfettamente felici e beati che quasi non ci scambiammo parola, solo quando uno scopriva qualcosa di particolare vi faceva cenno e lo mostrava all'altro. Nello spazio verde a volte filtrava una tenue luce, mentre il terreno boschivo si perdeva in lontananza in un bruno crepuscolo carico di presagi. Ciò che laggiù nascosto si muoveva, fruscio di foglie e battito d'ali, giungeva da incantate terre di favola, echeggiava in tono misterioso e lontano e poteva assumere molti significati.

Accaldato dalla corsa, il Brosi si tolse la giacca e anche il gilè e si sdraiò completamente nel muschio. Poi avvenne che egli si girasse e che la camicia gli salisse fino al collo, e io mi spaventai enormemente, perché vidi correre attraverso le sue spalle bianche una lunga cicatrice rossa. Immediatamente volli chiedergli da dove venisse la cicatrice e già provavo piacere al racconto di una vera e tremenda avventura; ma chissà come mai, a un tratto non mi sentii di chiedere e mi comportai come se non avessi visto niente. Tuttavia il Brosi mi fece tremendamente pena con la sua grande cicatrice, doveva aver di certo sanguinato a lungo e fatto molto male, e io provai in quel momento per lui una tenerezza ben più forte che in precedenza, ma non riuscii a dire nulla. Più tardi uscimmo insieme dal bosco e andammo a casa, poi presi in cucina la scatola delle biglie più bella che avevo – me l'aveva costruita una volta il garzone da uno spesso tronco di sambuco – e scesi di nuovo giù per regalarla al Brosi. Egli dapprima pensò che fosse uno scherzo, poi però non la volle prendere e mise persino le mani dietro la schiena, e io dovetti infilargli la scatola nella tasca.

E una storia dopo l'altra, tutte tornarono a me. Anche quella dell'abetaia che sorgeva sull'altro lato del ruscello; una volta vi ero andato con il mio compagno perché ci sarebbe piaciuto vedere i caprioli. Penetrammo nell'ampia distesa, sul terreno bruno e liscio, fra tronchi dritti alti fino al cielo, ma per quanto camminavamo non trovammo un solo capriolo. In compenso vedemmo una quantità di pezzi di roccia fra le radici scoperte degli abeti, e quasi tutte queste pietre avevano punti in cui vi cresceva sopra un ciuffetto di muschio chiaro, simile a piccole macchie verdi. Io volevo strappare un pezzettino di muschio, non era molto più grande di una mano. Ma il Brosi disse pronto: «No, lascialo!». Chiesi perché, ed egli mi spiegò: «Quando un angelo va per il bosco, lascia queste orme; dove posa il piede sulla pietra, cresce subito un pezzetto di muschio come questo».

Dimenticammo i caprioli e aspettammo se mai venisse un angelo. Rimanemmo fermi e all'erta; in tutto il bosco vi era un silenzio tombale, sul terreno bruno tremolavano i riflessi del sole, in lontananza i tronchi verticali si fondevano in un alto e rosso colonnato, e in cima, al di là delle corone folte e nere, il cielo blu. Un alito di vento leggero e fresco passava silenzioso e svaniva. Ci facemmo entrambi pensierosi e solenni, perché tutto era così tranquillo e solitario e perché forse presto sarebbe venuto un angelo, e dopo un po', silenziosi e rapidi, ce ne andammo via insieme fuori dal bosco, passando accanto alle pietre e ai tronchi. Quando fummo di nuovo sul prato e oltre il ruscello, guardammo ancora per un momento al di là della riva, poi corremmo veloci verso casa.

Più tardi ebbi ancora una lite con il Brosi, poi ci rappacificammo. Si andava già verso l'inverno, quando mi fu detto che il Brosi era malato e se volevo andare da lui. Vi andai una volta o due, era disteso a letto e non diceva quasi nulla e io ero turbato e annoiato, sebbene sua madre mi regalasse una mezza arancia. E poi non successe più niente; io giocavo con mio fratello e col giovane garzone o con le bambine, e così passò un lungo, lungo periodo. Cadde la neve e si sciolse, e cadde di nuovo; il ruscello gelò, poi riprese a scorrere ed era marrone e bianco e provocò un'inondazione e portò dall'alta valle una scrofa annegata e una gran quantità di arbusti; nacquero dei pulcini, di cui tre morirono; il mio fratellino si ammalò e poi guarì; nei granai si trebbiava e nelle cucine si filava, e di nuovo si aravano i campi, tutto senza il Brosi. Così egli si era fatto sempre più lontano e alla fine era sparito e io l'avevo dimenticato – fino a questo momento, fino a questa notte in cui la luce rossa passava dal buco della serratura e io sentivo mio padre dire alla mamma: «Quando arriva la primavera, se lo porterà via».

Mi addormentai turbato fra molti ricordi e sensazioni, e forse già il giorno successivo, nella foga di nuove esperienze, la memoria appena risvegliata del compagno di giochi perso sarebbe stata di nuovo sommersa e forse mai più sarebbe tornata con la stessa fresca bellezza e forza. Ma subito a colazione la mamma mi chiese: «Non pensi qualche volta anche tu al Brosi. che ha sempre giocato con voi?».

Allora io gridai: «Sì», e lei proseguì con la sua voce gentile: «In primavera, sai, sareste andati insieme a scuola, ma adesso è così malato che forse non se ne farà niente. Vuoi andare una volta da lui?».

Disse ciò con fare serio, e io pensai a quello che avevo sentito dire di notte dal papà e provai terrore, ma anche una strana curiosità. Il Brosi doveva avere, secondo le parole di mio padre, la morte in viso, e ciò mi parve indescrivibilmente orribile e nello stesso tempo prodigioso.

Dissi di nuovo «sì», e la mamma mi raccomandò: «Non dimenticare che è così malato! Adesso non puoi giocare con lui e non devi fare rumore».

Promisi tutto e mi sforzai subito di essere silenzioso e calmo, e vi andai già quella mattina stessa. Davanti alla casa, che nella fredda luce del mattino sorgeva tranquilla e un po' solenne dietro i due castagni spogli, rimasi fermo ad aspettare un momento, tesi l'orecchio verso il corridoio ed ebbi quasi voglia di tornare a casa di corsa. Poi mi feci animo, salii svelto i tre gradini di pietra rossa, passai per la porta aperta a metà, continuando a camminare mi guardai attorno e bussai all'uscio più vicino. La madre del Brosi era una donna piccola, agile e dolce: uscì, mi sollevò e mi diede un bacio, poi mi chiese: «Sei stato tu a voler venire dal Brosi?».

Non ci volle molto che lei era già al piano superiore davanti a una porta bianca e mi teneva per mano. Questa sua mano, che doveva condurmi verso prodigi tremendi e oscuramente immaginati, non era per me diversa da quella di un angelo o di un mago. Il cuore mi batteva spaventato e violento come una campana d'allarme, e io indugiai in cerca di forze e volevo tornare indietro, cosicché la donna mi dovette quasi trascinare nella camera. Era una stanza grande, luminosa e confortevole, io rimasi imbarazzato e terrorizzato sulla porta e guardai verso il letto chiaro, finché la donna non mi ci condusse. Allora il Brosi si girò verso di noi.

E io scrutai attentamente il suo viso, che era scarno e

affilato, ma la morte non riuscii a vederla, bensì vi vidi solo una pallida luce, e negli occhi qualcosa di insolito, di benevolmente serio e paziente, alla cui vista mi sentii come quella volta in cui ero stato in ascolto nell'abetaia silenziosa, quando preso da inquieta curiosità avevo trattenuto il respiro perché avvertivo accanto a me i passi di un angelo.

Il Brosi salutò con un cenno del capo e mi tese una mano, che era calda e asciutta e consunta. Sua madre lo accarezzò, mi fece un cenno e uscì di nuovo dalla stanza; così rimasi solo accanto al suo letto piccolo e alto e lo guardai, e per un po' entrambi non proferimmo parola.

«Ah, allora ci sei ancora?» disse il Brosi.

E io: «Sì, e anche tu».

E lui: «È tua mamma che ti ha mandato?».

Annuii.

Era stanco e lasciò ricadere il capo sul cuscino. Non sapevo che cosa dire, mordicchiai la nappa del mio berretto e continuai semplicemente a guardarlo e anche lui mi guardò finché sorrise e chiuse per scherzo gli occhi.

Poi si spostò un poco sul fianco e come lo fece intravidi improvvisamente fra i bottoni della camica qualcosa di rosso, era la grande cicatrice sulla spalla, e vedendola non potei fare a meno di scoppiare a piangere.

«Che cos'hai?» chiese subito.

Non ero in grado di dare una risposta, continuai a piangere e mi asciugai le guance con il berretto ruvido, finché non mi fecero male.

«Su, dimmi: perché piangi?»

«Soltanto perché sei così malato» dissi. Ma non era la ragione vera. Era solo un'ondata di violenta tenerezza, piena di compassione, come l'avevo già avvertita una volta in precedenza; scaturiva improvvisamente dentro di me e non poteva trovare sfogo diverso.

«Non è poi una cosa tanto seria» disse il Brosi.

‹Presto sarai guarito?»

«Sì, forse.»

«E allora quandò?»

«Non so. Ci vuole tempo.»

Un momento dopo notai che si era addormentato. Attesi ancora un po', poi uscii, scesi le scale e me ne tornai verso casa, dove fui contento che la mamma non mi facesse domande. Aveva di certo visto che io ero cambiato e avevo provato qualcosa, e si limitò ad accarezzarmi i capelli annuendo in silenzio.

Tuttavia è probabile che io quello stesso giorno sia stato ancora molto esuberante, turbolento e maleducato, sia che litigassi con il mio fratellino o che irritassi la domestica intenta ai fornelli o vagabondassi per i campi bagnati, tornando a casa particolarmente sporco. Qualcosa del genere è comunque successo, perché ricordo tuttora molto bene che quella sera stessa mia madre mi guardò affettuosa e seria – forse voleva ricordarmi senza parole la mattina. Io la capii bene e provai rimorso, e quando lei lo notò fece qualcosa di singolare. Prese dal suo portafiori alla finestra un piccolo vaso di terracotta pieno di terra e vi pose un bulbo nerastro che aveva già messo un paio di foglioline verdoline, appuntite e carnose. Era un giacinto. Me lo diede e aggiunse: «Ascolta, io ora te lo do. Più tardi diventerà un grande fiore rosso. Lo metto lì e tu devi fare attenzione che non lo si tocchi e non lo si porti di qua e di là, e ogni giorno va innaffiato due volte; se te ne dimentichi, te lo dirò io. Se però diventerà un bel fiore, lo puoi prendere e portare al Brosi, perché ne provi piacere. Sei in grado di pensarci?».

Mi mise a letto, e io nel frattempo pensavo con orgoglio al fiore, la cui cura mi pareva un incarico degno d'onore e importante, ma proprio il mattino dopo mi dimenticai d'innaffiare, e me lo ricordò la mamma: «Che ne è della pianta del Brosi?» chiese, e in quei giorni dovette dirlo più di una volta. Nondimeno niente mi occupava e mi rendeva felice così tanto come la mia pianta. Ve ne erano altre, anche più grandi e più belle nella stanza e nel giardino, e papà e mamma me le avevano mostrate spesso, ma quella era la prima volta che osservavo partecipe una così piccola creatura, riversandovi tutto il mio affetto, le mie cure e la mia sollecitudine.

Per un paio di giorni il fiorellino non ebbe un bell'aspetto, sembrava soffrire di qualcosa e non trovare le energie necessarie per crescere. Vedendomi dapprima dispiaciuto e poi impaziente, la mamma mi disse: «Vedi, alla pianta sta succedendo proprio come al Brosi, che è così malato. Allora bisogna essere affettuosi e premurosi come non mai»

Questo paragone era per me comprensibile e mi portò presto a un pensiero del tutto nuovo, che mi dominò completamente. Sentii ora un segreto legame fra la piccola pianta che cresceva faticosamente e il Brosi ammalato, anzi giunsi infine alla convinzione che quando il giacinto fosse fiorito anche il mio compagno si sarebbe di nuovo ristabilito. Se però la pianta non fosse sopravvissuta, egli sarebbe morto e io allora, nel caso l'avessi trascurata, ne avrei forse avuto una parte di colpa. Quando questa idea prese forma in me, protessi il vaso di fiori con l'ansia e la gelosia di un tesoro in cui fossero racchiusi poteri magici noti e affidati soltanto a me.

Tre o quattro giorni dopo la mia prima visita – la pianta aveva ancora un aspetto piuttosto misero – andai di nuovo alla casa vicina. Brosi doveva starsene sdraiato tranquillo, e poiché io non avevo niente da dirgli stetti accanto al letto e osservai il viso del malato che delicato e febbricitante guardava fuori dalle bianche lenzuola, teso verso l'alto. Di tanto in tanto apriva e richiudeva gli occhi, per il resto non si muoveva, e un osservatore più acuto e più adulto avrebbe forse capito che l'anima del piccolo Brosi era già inquieta e stava riflettendo sul suo ritorno a casa. Proprio quando la paura del silenzio della stanza stava per impadronirsi di me, entrò la vicina e gentilmente mi portò via con passo leggero.

La volta seguente giunsi con cuore assai più lieto, perché a casa la pianta metteva le sue allegre foglie appuntite con nuovo slancio e vigore. Questa volta anche il malato era molto vivace.

«Ti ricordi ancora di quando Jakob era in vita?» mi chiese.

E ripensammo al corvo e ne parlammo, imitando le tre parolette che aveva imparato, e ci ricordammo con ardore e nostalgia di un pappagallo grigiorosso, che una volta doveva essersi smarrito da quelle parti.

Mi misi a chiacchierare, e mentre il Brosi presto si affaticò, io avevo per il momento dimenticato del tutto la sua condizione di malato. Raccontai la storia del pappagallo volato via, che faceva parte delle leggende di famiglia. Il punto culminante del racconto era questo: il vecchio servo della masseria aveva visto il bell'uccello posarsi sul tetto del granaio e accostò subito una scala con l'intenzione di catturarlo. Quando egli comparve sul tetto e si avvicinò con cautela al pappagallo, questo disse: «Buon giorno!». Allora il servo si tolse il berretto e disse: «La prego, mi scusi, avevo quasi creduto che Lei fosse un uccello».

Quando lo ebbi raccontato, pensai che il Brosi non potesse fare a meno di scoppiare a ridere forte, e poiché non lo fece subito, lo guardai meravigliato. Lo vidi sorridere in modo lieve e di cuore, e le sue guance si erano fatte un po' più rosse di prima, ma non disse nulla e non rise forte.

Poi, improvvisamente, mi sembrò che fosse di molti anni più vecchio di me. La mia allegria si era per il momento spenta, al suo posto mi assalirono confusione e ansietà perché fra noi era sorto in modo strano e inquietante qualcosa di nuovo.

Un moscone ronzò per la stanza, e chiesi se dovevo catturarlo.

«No, lascialo!» disse il Brosi.

Anche questo mi sembrò pronunciato da un adulto Confuso me ne andai via.

Sulla strada di casa provai per la prima volta nella mia vita qualcosa della bellezza nascosta e piena di presagi dell'inizio di primavera, qualcosa che ho avvertito di nuovo solo in anni successivi, alla fine della fanciullezza.

Che cosa fu e come avvenne, non so. Mi ricordo però che un vento tiepido si levò, che umide zolle scure di terra si stagliavano ai margini dei campi e scintillavano e che nell'aria vi era un particolare odore di föhn. Mi ricordo anche che volevo canticchiare una melodia e che smisi subito, perché qualcosa mi opprimeva e mi rendeva silenzioso.

Quel breve tragitto dalla casa dei vicini alla mia è per me un ricordo stranamente profondo. Con fatica ne ricordo ancora qualche particolare, ma a tratti, quando mi è concesso ritornarvi a occhi chiusi, credo di vedere ancora una volta la terra con occhi infantili – come dono e creazione di Dio, in un fantasticare leggermente febbrile di intatta bellezza, quale noi vecchi la conosciamo altrimenti solo nelle opere degli artisti e dei poeti. Il cammino non era forse nemmeno di duecento passi, ma vi era la vita, e su di esso e al di sopra e ai suoi confini accadeva infinitamente molto di più che in parecchi viaggi che ho intrapreso più tardi.

Spogli alberi da frutto tendevano nell'aria rami contorti e minacciosi e dalle punte sottili dei ramoscelli gemme rossobrune impregnate di resina spuntavano, sopra di loro passavano vento e nubi in fuga sparsa, sotto di loro ribolliva la nuda terra nel fermento di primavera.

Un fosso riempito dalle piogge stava traboccando e liberava sulla strada un sottile ruscello torbido, sul quale galleggiavano vecchie foglie di pero e bruni pezzetti di legno e ognuno di essi era una nave, procedeva veloce e si arenava, provava gioia e pena e alterna sorte, e io con essa.

All'improvviso davanti ai miei occhi si librò nell'aria un uccello nero, si rigirò e sbatté le ali oscillando, emise di colpo un lungo e sonoro trillo e svanì scintillando in alto, e il mio cuore pieno di stupore volò con lui.

Un carro con il bilancino vuoto si avvicinò cigolando e

passò via, incatenando il mio sguardo sino alla prima curva con i suoi possenti cavalli giunti da un mondo ignoto e destinati a sparire in esso, portando via con sé le immagini belle e fugaci che avevano destato.

Questo non è che un piccolo ricordo, o forse sono due o tre messi insieme; ma chi può contare gli eventi, le eccitazioni e le gioie che un bambino fra un tocco d'ora e l'altro trova nelle pietre, nelle piante, negli uccelli, nelle brezze, nei colori e nelle ombre e subito di nuovo dimentica, pur recuperandoli nelle esperienze e nei cambiamenti degli anni? Una particolare sfumatura dell'aria all'orizzonte, un impercettibile rumore in casa o in giardino o nel bosco, la vista di una farfalla o un odore fuggevole trasportato dal vento spesso evocano in me, per qualche istante, frotte di ricordi di quei tempi giovanili. Non sono chiari e distinguibili, ma portano tutti lo stesso delizioso profumo di allora, poiché fra me e ogni pietra e uccello e torrente esistevano un intimo scambio e un'unità, i cui resti mi sono sforzato di conservare gelosamente.

La mia pianta intanto si drizzò, tese verso l'alto le foglie e si rafforzò visibilmente. Con essa crescevano la mia gioia e la mia fiducia nella guarigione dell'amico. E venne anche il giorno in cui fra le foglie carnose cominciò a crescere e a espandersi un bocciolo rotondo e rossastro, e il giorno in cui il bocciolo si aprì e lasciò vedere un'increspatura segreta di petali di un bel rosso con i bordi biancastri. Ma il giorno in cui con orgoglio e gioiosa cautela portai su nella casa vicina il vaso e lo consegnai al Brosi, l'ho del tutto dimenticato.

Poi ci fu una luminosa giornata di sole; dallo scuro campo spuntavano già sottili aghi verdi, le nuvole avevano orli dorati, e per le strade umide, nei cortili e negli spiazzi si specchiava un cielo dolce e terso. Il lettino del Brosi era stato messo più vicino alla finestra, sul cui davanzale dava sfoggio di sé il rosso giacinto; il malato era stato sollevato e sostenuto con cuscini. Egli parlò con me un po' più del solito, sopra la sua testa bionda rasata scorreva lieta e splendente la luce calda, che pareva rossa vista attraverso le sue orecchie. Io ero di ottimo umore e mi fu chiaro che anch'egli sarebbe stato presto bene. Sua madre era presente, e quando le sembrò che fosse ormai tempo, mi regalò una pera gialla e mi spedì a casa. Ancora sulla scala diedi un morso alla pera, era morbida e dolce come il miele, e il succo mi colò sul mento e sulla mano. Cammin facendo gettai con un ampio gesto il torsolo rosicchiato in direzione dei campi.

Il giorno seguente piovve finché poté: io dovetti restare a casa e mi fu permesso, dopo essermi lavato le mani, di godermi la Bibbia illustrata, dove erano già molti i personaggi che mi piacevano, ma più di tutti amavo il leone del paradiso, i cammelli degli Elisi e Mosè bambino nel canneto. Ma quando il secondo giorno continuò a piovere ininterrottamente, ne fui seccato. Per metà mattina guardai fisso attraverso la finestra il cortile che gorgogliava d'acqua e il castagno, poi toccò a turno a tutti i miei giochi, e quando li ebbi finiti, ed era verso sera, litigai con mio fratello. La solita storia: ci stuzzicavamo a vicenda, finché il piccolo non mi diceva una parolaccia, allora io lo picchiavo, ed egli fuggiva urlando attraverso la stanza, il corridoio, la cucina, le scale e la camera fino a gettarsi in braccio alla mamma, che alla fine mi mandava via singhiozzante. Poi, appena tornato a casa, il papà si faceva raccontare tutto, mi puniva e con i rimproveri del caso mi metteva a letto, dove mi sentivo indicibilmente infelice, ma presto mi addormentavo fra le lacrime che ancora scorrevano.

Quando, probabilmente il mattino seguente, mi ritrovai nella stanza del Brosi malato, sua madre portava di continuo il dito alla bocca e mi guardava con aria di ammonimento, ma il Brosi giaceva con gli occhi chiusi, gemendo sommessamente. Lo guardai allarmato in viso: era pallido e contratto dal dolore. E quando sua madre prese la mia mano e la pose sulla sua, egli aprì gli occhi e mi guardò in silenzio per un momento. I suoi occhi erano grandi e diversi dal solito, e il suo sguardo era strano e sconosciuto, come se provenisse da una remota lontananza, come se non mi conoscesse affatto e fosse stupito della mia presenza, ma nello stesso tempo avesse altri e ben più importanti pensieri.

Dopo breve tempo uscii di nuovo furtivamente.

Ma quel pomeriggio, mentre su sua richiesta la madre gli raccontava una storia, egli cadde in uno stato di sopore, che durò fino a sera e intanto il suo debole cuore cominciava piano piano a entrare nel mondo dei sogni e a spegnersi.

Quando andai a letto, mia madre lo sapeva già. Tuttavia me lo disse solo al mattino, dopo il latte. Andai in giro per tutto il giorno come un sonnambulo e immaginai che il Brosi fosse arrivato fra gli angeli e lui stesso fosse diventato uno di loro. Non sapevo che il suo piccolo e magro corpo con la cicatrice sulla spalla giaceva ancora là nella casa, e anche del funerale non vidi e non seppi nulla.

I miei pensieri furono molto presi dall'accaduto e certamente passò un bel po' di tempo prima che il morto si facesse lontano e invisibile. Ma poi giunse precoce e improvvisa la piena primavera, al di sopra delle montagne passarono rapidi il giallo e il verde, nel giardino si sentì il profumo della vegetazione novella, il castagno si orientò tastoni con le foglie delicatamente ripiegate, uscite dalle gemme appena aperte, mentre lungo i fossati ridevano su steli carnosi gli scintillanti ranuncoli dorati.

IL FANCIULLO E LA PRIMAVERA

Per quanto bianchi e belli nella ricca fioritura di mag-
si ergano gli alberi,   [gio
tutto il piacere della fioritura
dovrà disperdersi al prossimo vento.

Anche i tuoi verdi giorni, fanciullo,
e i tuoi slanci di gioia

dovranno presto, per quanto incantevoli siano,
appassire e incupirsi.

Nel dolore solo e nell'oscurità
nasce il dolce frutto.
Eppure, se matura, nessuna sofferenza
e nessuna pena fu vana.

UN ISTANTE DI RISVEGLIO

Ai momenti indimenticabili di una vita appartengono
quelli, rari, in cui uno si vede come dal di fuori e riconosce
improvvisamente in sé dei tratti che prima non aveva, o che
almeno gli erano ignoti: con un sussulto e un leggero
spavento ci si avvede di non essere quell'entità sempre
uguale, ben caratterizzata ed eterna quale per lo più ci
sentiamo; ridestati per un momento da quel sogno dolcemente ingannatore, ci si vede mutati, accresciuti o diminui-
ti, potenziati o immiseriti; con spavento o con gioia per un
momento ci vediamo e ci sentiamo immersi nel flusso
infinito del divenire, del mutarsi, della fugacità che divora
senza posa; cose ben note, è vero, ma da cui escludiamo di
solito noi stessi e forse alcuni dei nostri ideali. Perché se
fossimo desti, se quegli attimi o quelle ore durassero mesi e
anni, non saremmo capaci di vivere, non lo sopporteremmo;
e la maggior parte degli uomini presumibilmente non le
conoscono neppure, quelle furtive occhiate, quegli istanti di
coscienza desta, perché vivono tutta la vita nella torre del
loro io in apparenza immutabile come Noè nell'arca:
vedono il fiume della vita, il fiume della morte oltrepassarli
rombando, ne vedono trascinati via amici ed estranei, li
chiamano, li piangono, eppure credono di essere sempre
fermi, di stare a vedere dalla riva, non pensano di dover
fluire anch'essi e morire. Ogni uomo è il centro del mondo,
che sembra ruotare docile intorno a lui, ogni uomo e ogni

momento nella vita sono il punto terminale e culminante della storia dell'universo; dietro di lui sono appassiti e sprofondati popoli e millenni, e davanti a lui non c'è nulla, tutto il gigantesco apparato della storia pare servire unicamente all'attimo, allo zenit del presente. L'uomo primitivo sente come una minaccia ogni cosa che disturbi l'idea che il centro è lui, che egli sta sulla riva mentre gli altri vengono portati via dalla corrente; si rifiuta di essere svegliato e istruito, e avverte il ridestarsi e l'essere toccato dalla realtà, insomma lo spirito, come nemico e odioso; e fugge con istintivo corruccio da quelli che vede colti dal risveglio: veggenti, problematici, geni, profeti, invasati.

Non ne ho avuti molti neppure io, mi pare, di quei momenti di risveglio veggente, e alcuni di essi la mia memoria li ha ripudiati per lunghi periodi della mia vita cercando continuamente di ricoprirli di polvere. Le poche esperienze fatte negli anni giovani sono state le più forti. Più tardi, ogni volta che veniva un ammonimento, ero senza dubbio più esperto, più savio, o almeno capace di riflessioni più sagge e meglio formulate, ma le esperienze in sé, le scosse prodotte dall'improvviso risveglio nella gioventù sono state più elementari e impressionanti, hanno avuto più sangue e più passione. Se a un ottantenne apparisse un arcangelo e gli parlasse, il suo vecchio cuore non potrebbe battere più ansioso e più beato di quando, giovane, attendeva per la prima volta, di sera, Lisa o Berta al cancello del giardino.

L'avvenimento di cui oggi mi ricordo non durò neppure dei minuti, solo qualche secondo. Ma negli attimi del risveglio veggente molto si scorge: per ricordarsene e descriverli occorre, come per i sogni, molto più tempo che per viverli.

Avvenne nella casa di nostro padre a Calw, la sera di Natale, nella «stanza buona»! [...]

Il Vangelo era stato letto, il secondo inno cantato; io avevo già spiato durante il canto quell'angolo del tavolo sul quale erano ammonticchiati i miei doni, e ora ciascuno si avvicinava al posto suo, anche le domestiche guidate da mia madre. Nella stanza si era fatto oramai caldo e l'aria era piena del fiammeggiar delle candele, dell'odore di cera e di resina e del forte aroma dei biscotti. Le cameriere sussurrando eccitate tra loro si mostravano le loro cose e le palpavano, la mia minore sorella aveva appena scoperto i suoi doni ed emesso un alto grido di giubilo. Io allora avevo tredici o quattordici anni.

Come tutti, avevo distolto lo sguardo dall'albero per volgerlo al tavolo dei doni; cercando con gli occhi scoprii il posto riservato ai miei e mi mossi per arrivarci. Per fare ciò dovetti aggirare il mio fratellino Hans e un basso tavolino da gioco sul quale era stata disposta la sua porzione di regali. Sfiorai con uno sguardo i suoi doni, in mezzo ai quali al posto d'onore stava un assortimento di minuscole stoviglie di terracotta: piattini lillipuziani, boccaletti e tazzine allineati lì, buffi e commoventi nella loro graziosa piccolezza, ogni tazza più piccola di un ditale. Piegato su quel servizio di terracotta di pigmei, col capo proteso in avanti, c'era il mio piccolo fratello; passando oltre vidi per la durata di un secondo il suo volto infantile – aveva cinque anni meno di me –, e nel mezzo secolo passato da allora l'ho rivisto tante volte nella memoria così come mi si rivelava in quell'attimo: un volto di bimbo silenzioso e raggiante, con un piccolo sorriso concentrato, tutto illuminato e trasfigurato dalla gioia e dalla felicità.

L'avvenimento era tutto qui. Era già finito, quando con un altro passo giunsi vicino ai miei doni e ne fui assorbito, doni dei quali oggi non ne saprei più raffigurare e nominare uno, mentre ho ancora vivissimamente presenti i pentolini di Hans. Quell'immagine mi è rimasta fino a oggi impressa nel cuore, là dove, subito dopo aver sorpreso il volto di mio fratello, avevo provato una scossa e una molteplice commozione. Il primo moto fu una intensa tenerezza per il piccolo Hans, mista tuttavia a un senso di distacco e di superiorità, perché, seppure graziosa e commovente, mi parve bambinesca una simile trasfigurazione e beatitudine per un'esigua minutaglia di terracotta che si poteva avere dal pentolaio per pochi soldi. Ma il prossimo moto del cuore già lo contraddiceva: subito dopo, o meglio contemporaneamente, sentii infatti il mio disprezzo per quei boccaletti e quelle tazzine come qualcosa di vile anzi di vergognoso, e ancora più vile era quel mio credermi più intelligente e superiore al piccolino che era ancora capace di gioire così fino all'estasi, e per il quale il Natale, le tazzine e tutto avevano ancora quel pieno splendore di incantesimo e di santità che un tempo avevano avuto anche per me. Tale era il significato centrale dell'avvenimento, era questo che svegliava e spaventava: per me esisteva il concetto «un tempo»! Hans era un bambino, ma io sapevo d'un tratto di non esserlo più e di non poterlo essere mai più! Mentre Hans sentiva il tavolo dei doni come un paradiso, io non soltanto non ero più capace di una simile felicità, ma capivo con orgoglio di essermi fatto più grande; con orgoglio eppure anche quasi con invidia. Quel fratello, che era stato fino a poco prima un mio pari, lo vedevo, lui e la sua terraglia, da una certa distanza, dall'alto e criticamente, e insieme mi vergognavo di guardarlo così, tra la compassione e il disprezzo, tra la sufficienza e l'invidia. Un attimo era bastato a creare quella distanza, ad aprire quell'abisso Improvvisamente vedevo e capivo di non essere più un bambino, di essere più vecchio e più smaliziato di Hans, ma anche più cattivo e più freddo.

Quella sera di Natale avvenne in fondo una cosa molto semplice: quel vago senso di crescita che urgeva dentro di me creava un disagio, si saldava un anello dei mille che dovevano formare la mia personalità... ma non, come quasi tutti gli altri, all'oscuro, perché io vi assistei per un attimo desto e cosciente, e pur senza saperlo potei chiaramente avvertire dal contrasto dei miei sentimenti: non esiste un crescere che non implichi il morire. In quel momento cadeva una foglia dell'albero, una squama si staccava da me. Questo avviene in ogni ora della nostra vita, perché non c'è fine al divenire e all'appassire, ma molto di rado siamo svegli e facciamo attenzione a ciò che accade in noi. Nell'attimo in cui vidi l'estasi sul volto di mio fratello, seppi su me stesso e sulla vita una quantità di cose che entrando in quella stanza odorosa di festa e cantando l'inno natalizio non sapevo ancora.

Tutte le volte che in seguito mi sono ricordato dell'avvenimento ho notato come cosa singolare il fatto che le due opposte metà si erano controbilanciate esattamente; all'accresciuta coscienza di me stesso corrispondeva un oscuro senso di colpa, alla sensazione della maturità si contrapponeva quella dell'impoverimento, all'intelligenza e alla superiorità un moto di cattiva coscienza, alla distanza ironica dal fratello minore un bisogno di farmene perdonare e di attribuire un più alto valore alla sua innocenza. Tutto ciò suona complicato e ben poco ingenuo, ma nei momenti di risveglio non siamo infatti per niente ingenui; quando ci troviamo nudi di fronte alla verità, la sicurezza della coscienza netta e l'agio dell'incondizionata fede in noi stessi ci mancano sempre. In quei momenti, per esempio, ci si potrebbe uccidere, non mai uccidere un altro. Allora l'uomo è in grave pericolo, perché si apre alla verità e deve lasciarla entrare in se stesso; è difficile imparare ad amare la verità e a sentirla come un elemento della vita, perché l'uomo è in primo luogo creatura e sta di fronte alla verità come a un nemico. Ed essa non è mai quale la desidereremmo e la vorremmo noi, ma è sempre crudele.

Così essa aveva guardato in faccia anche me in quell'attimo di risveglio. Potevo sforzarmi di dimenticarla subito, potevo in seguito mitigarla e abbellirla, e lo feci, l'ho fatto ogni volta. Tuttavia ogni risveglio ha lasciato dietro di sé come un lampo, un salto sulla liscia superficie della vita, uno spavento, una ammonizione. E ogni volta che in seguito ci se ne ricorda, non delle riflessioni e degli abbellimenti si è consci di nuovo, bensì del fatto in sé· del lampo, dello spavento

Pressoché fanciullo ancora, io mi ero vista improvvisamente davanti, viva sul volto del mio fratellino, la fanciullezza perduta, e le considerazioni e i giudizi che in me ne nacquero nelle ore e nei giorni successivi non erano che squame caduche, tutte già implicite nell'avvenimento stesso. La mia era stata in verità un'esperienza simpatica e affettuosa; quello che avevo visto e per cui mi si erano aperti per un momento gli occhi era un amabile, dolce e tenero quadro. Avevo visto la felicità su un volto di bimbo. Ma era stato anche un lampo e uno spavento, perché il contenuto di ciascun risveglio è il medesimo; esistono mille volti della verità ma una verità sola. [...] Mi era stato dato di scorgere la felicità sotto forma di un sorriso e di un brillio degli occhi, sotto forma di un dolce splendore; quella felicità che si può possedere solo fintantoché non la si vede. Appariva meravigliosamente raggiante e toccava il cuore, la felicità. Ma aveva anche un lato di cui si poteva sorridere con superiorità, era infantile, e io ero incline a trovarla perfino un po' bambinesca e sciocca. Induceva all'invidia ma anche allo scherno, e io appunto, se non ero più capace di felicità, ero per questo capace di ironia e di critica. [...]

Questo era il senso amaro di colpa che quel lampo di coscienza mi aveva procurato. Ma altro ancora di amaro era contenuto nella verità. La prima cosa, di carattere morale, mi toccava personalmente, era una vergogna e una lezione diretta a me. L'altra era più generale, faceva meno male sul momento ma finiva col penetrare più a fondo; era ben così la verità: spiacevole e inesorabile. Cioè: neppure la felicità che mio fratello Hans possedeva e che aveva reso così splendente il suo volto era cosa sicura, perché poteva appassire e andar perduta; l'avevo pure posseduta e poi perduta anch'io, anche Hans l'avrebbe perduta un giorno. La conseguenza fu che per Hans provai, oltre all'invidia e allo scherno, anche un altro sentimento, la compassione. Una compassione non calda e forte, ma dolce e toccante, la stessa che si può avere per i fiori di un prato che il mietitore ha già incominciato a falciare.

Potrei raccontare molte cose belle, tenere e amabili, della mia infanzia, della mia tranquillità presso il babbo e la mamma, dell'amor filiale e di una vita modestamente gioconda in un ambiente dolce, caro e luminoso. Ma il mio interessamento va tutto ai passi che feci nella vita per raggiungere me stesso. Lascio nella splendida lontananza le belle soste, le isole beate e i paradisi, il cui fascino non mi fu ignoto, e non desidero di rimettervi piede.

Così, soffermandomi alla mia puerizia, parlerò soltanto delle novità che mi vennero incontro, di ciò che mi spinse avanti, che mi trascinò.

Tali spinte venivano sempre da quell'altro mondo, recavano paure, costrizioni e rimorsi, erano sempre rivoluzionarie e mettevano in pericolo la pace che tanto volentieri avrei conservata.

Vennero gli anni nei quali dovetti scoprire in me un altro istinto primordiale che nel mondo lecito e chiaro era costretto a nascondersi. Il lento destarsi del sesso aggredì anche me come tutti, in veste di nemico e distruttore, come cosa proibita, come seduzione e peccato. Ciò che la mia curiosità andava cercando, ciò che mi procurava sogni, piacere e timore, il grande mistero della pubertà non si adattava affatto alla sorvegliata beatitudine della mia pace giovanile. E vissi come tutti. Ebbi la duplice esistenza del fanciullo che non è più bambino. La mia coscienza viveva tra le cose familiari e lecite, negando l'alba del nuovo mondo. Ma nello stesso tempo vivevo entro sogni, stimoli, desideri sotterranei, sopra i quali la vita cosciente costruiva ponti sempre più pericolanti, poiché il mondo infantile stava crollando. Come quasi tutti i genitori, anche i miei omisero di aiutare l ridestarsi di stimoli vitali dei quali non si parlava mai. Aiutarono soltanto con infinita diligenza i miei disperati tentativi di negare la realtà e di continuare a vivere in un mondo infantile che diventava sempre più irreale e menzognero. Non so se i genitori possano farci molto, e non muovo alcun rimprovero ai miei. Era compito mio sbrigarmela e trovare la mia strada, e n questo riuscii male come la maggior parte dei giovani beneducati.

Ogni uomo attraversa siffatte difficoltà. Per la persona media, questo è il momento in cui le esigenze della vita propria cozzano più duramente contro il mondo, e il progresso dev'essere più aspramente conquistato. Molti sperimentano la morte e la rinascita, che sono il nostro destino, una volta sola nella vita, quando cioè l'infanzia si decompone e lentamente crolla, quando tutte le cose care ci abbandonano e a un tratto sentiamo intorno a noi la solitudine e il gelo mortale dell'universo. Moltissimi rimangono per sempre aggrappati a questo scoglio e dolorosamente attaccati per tutta la vita al passato irrevocabile, al sogno del paradiso perduto che è fra tutti i sogni il peggiore e il più micidiale!

DUE MONDI

Incomincio la mia storia con un'esperienza di quando avevo dieci anni e frequentavo la scuola media della nostra cittadina.

Molte cose mi alitano incontro e mi toccano intimamente con pena e con brividi di piacere: strade buie o chiare, case e campanili, suono di orologi e volti umani, stanze piene di comodità e di tepore, camere misteriose e colme di una gran paura dei fantasmi. Sento un odore di tiepide angustie, di conigli e fantesche, di medicamenti popolari e di frutta secca. Due mondi vi si confondevano e da due poli arrivavano il giorno e la notte.

Uno di quei mondi era la casa paterna, ma era un mondo ristretto e, a rigore, comprendeva soltanto i miei genitori. Per gran parte questo mondo mi era ben noto, si chiamava mamma e babbo, si chiamava amore e severità, esempio e scuola. Di esso facevano parte un mite splendore, e chiarità e pulizia, e vi si trovavano discorsi amorevoli, mani lavate, abiti lindi, buoni costumi. Lì si cantava il corale mattutino e si festeggiava il Natale. Vi erano linee diritte e strade che portavano all'avvenire, vi erano il dovere e la colpa, il rimorso e la confessione, il perdono e i buoni proponimenti, l'amore e il rispetto, la parola della Bibbia e la saggezza. A questo mondo bisognava attenersi affinché la vita fosse limpida e pulita, bella e ordinata.

L'altro mondo, invece, incominciava nella nostra stessa casa ed era in tutto diverso, mandava un altro odore, parlava diversamente, prometteva e pretendeva cose diverse. In questo secondo mondo c'erano fantesche e giovani operai, storie di spiriti e voci di scandalo, una multiforme fiumana di cose enormi, allettanti, terribili, enigmatiche, cose come il macello e la prigione, gli ubriachi e le donne sbraitanti, mucche partorienti e cavalli caduti, racconti di furti, assassinii, suicidi. Tutte queste cose belle e orrende, selvagge e crudeli esistevano là intorno, nella strada vicina, nella casa attigua, dove si aggiravano gendarmi e vagabondi, dove ubriachi picchiavano la moglie, grovigli di fanciulle scaturivano alla sera dalle fabbriche, vecchie megere avevano il potere di incantare e diffondere malattie, predoni abitavano nelle selve, incendiari venivano catturati dai guardaboschi... Dappertutto pullulava e odorava quel secondo mondo violento, salvo che nelle nostre camere dov'erano la mamma e il babbo. Ed era bene che fosse così. Era meraviglioso sapere che da noi regnavano pace, ordine e tranquillità, il dovere e la coscienza pulita, il perdono e l'affetto... e meraviglioso sapere che c'erano anche quelle altre cose, tutto quel frastuono e i baleni, le tenebre e le violenze, che si potevano evitare raggiungendo d'un balzo la mamma.

Il fatto più strano era che i due mondi stavano vicini tra loro e si toccavano. Lina per esempio, la nostra fantesca, apparteneva interamente a noi, a babbo e mamma, al mondo chiaro e giusto, quando la sera durante la preghiera sedeva presso la porta e tenendo sul grembiule stirato le mani pulite partecipava al canto con la sua limpida voce.

Ma poco dopo in cucina o nella legnaia, quando mi narrava la storia dell'omiciattolo senza testa, o nella piccola bottega del macellaio litigava con le donne del vicinato, non era più quella: apparteneva all'altro mondo ed era circondata dal mistero. E tutto era così, specialmente io stesso. Certo, io appartenevo al mondo chiaro e giusto, ero figlio dei miei genitori, ma dovunque volgessi l'occhio o l'orecchio trovavo sempre quell'altro e ci vivevo anche, benché molte volte mi riuscisse estraneo e pauroso e vi provassi sempre rimorso e angoscia. Certe volte preferivo persino il mondo proibito, e talora il ritorno alla chiarità, per quanto fosse buono e necessario, mi pareva quasi un ritorno al meno bello, al più vuoto e alla maggior noia. Sovente capivo che la mia meta era di diventare come mio padre e mia madre, altrettanto chiaro e puro, superiore e ordinato; ma la via per arrivarci era molto lunga e bisognava frequentare scuole e studiare e dare saggi e sostenere esami e quella via passava sempre accanto al mondo buio o l'attraversava e non era affatto impossibile soffermarvisi e affondarvi. La storia narrava di figlioli prodighi cui era capitato così: io l'avevo letta con passione. Il ritorno al bene e al padre era sempre grandioso e consolante e io capivo benissimo che soltanto questo era giusto, buono e desiderabile, eppure la parte della storia che si svolgeva tra i malvagi e i perduti era molto più interessante. Se fosse stato lecito dirlo e confessarlo, era proprio un peccato che il figliol prodigo facesse penitenza e fosse ritrovato. Ma eran cose che non si dicevano e non si pensavano nemmeno. Erano però in fondo al cuore come presentimento e possibilità. Quando mi figuravo il diavolo lo immaginavo benissimo giù nella strada travestito o a viso aperto, oppure alla fiera o in un'osteria, mai invece in casa nostra.

Anche le mie sorelle appartenevano al mondo chiaro. Per natura erano, mi pareva, più vicine al babbo e alla mamma, erano migliori, più costumate, più perfette di me. Avevano difetti, avevano cattive maniere, ma mi pareva che ciò non avesse radici profonde, non fosse come in me che spesso soffrivo ed ero tormentato dal contatto col male perché il mondo oscuro mi era molto più vicino. Dovevo risparmiare e rispettare le mie sorelle come i genitori, e quando avevo litigato con loro ero poi, di fronte alla mia coscienza, il cattivo, colui che aveva incominciato e doveva chiedere perdono. Nelle sorelle offendevo i genitori, il bene e l'autorità. C'erano segreti che potevo condividere molto più facilmente coi monelli più abietti che con le mie sorelle. Nelle buone giornate, quando faceva chiaro e avevo la coscienza a posto, era una bellezza giocare con le sorelle, essere buono e garbato con loro e vedere me stesso sotto una luce di nobiltà. Così dovevano essere gli angeli. Questo era il livello supremo a noi noto e immaginavamo che l'esistenza degli angeli, circondati da limpidi suoni e profumi, dovesse essere dolce e meravigliosa come il Natale e la felicità. Ma quanto di rado sorgono simili ore e giornate! Nel gioco innocuo e lecito ero spesso di una violenza e di una passione che le sorelle non potevano sopportare, che provocava litigi e dispiaceri: se poi ero sopraffatto dalla collera diventavo terribile e facevo e dicevo cose delle quali sentivo la bruciante abiezione già nel momento di dirle e di commetterle. Seguivano ore dolorose di pentimento e contrizione, seguiva l'attimo dolente in cui chiedevo perdono, finché arrivava un raggio di luce, una tranquilla e riconoscente felicità senza dissidi, per ore o istanti.

Frequentavo la scuola media, e nella mia classe c'erano il figlio del borgomastro e quello del guardaboschi, ragazzi sfrenati, ma pure appartenenti al mondo buono e lecito, che venivano talvolta a trovarmi. Ma avevo stretto rapporti anche con ragazzi del vicinato, allievi della scuola elementare che di solito disprezzavamo. Da uno di loro devo incominciare il mio racconto.

Un pomeriggio libero (avevo poco più di dieci anni) girovagavo con due ragazzi del vicinato. A questi si aggiunse un terzo, più grande e robusto, di circa tredici anni, scolaro delle elementari, figlio di un sarto. Suo padre era un beone e tutta la famiglia aveva una cattiva nomea.

Conoscevo molto bene Franz Kromer e lo temevo. Perciò mi garbò poco che si unisse a noi. Aveva già un comportamento da uomo e imitava l'andatura e i modi di dire dei giovani operai. Guidati da lui scendemmo di fianco al ponte fin sulla riva e ci nascondemmo agli occhi del mondo sotto la prima arcata. Il breve spazio fra l'arco del ponte e l'acqua pigra era ingombro di rifiuti d'ogni sorta, di cocci e ciarpame, di grovigli di fil di ferro arrugginito e di altre spazzature. Là si trovavano talvolta oggetti utili, e sotto la guida di Franz Kromer fummo costretti a perlustrare la zona e a mostrargli ciò che trovavamo. Egli o intascava l'oggetto o lo buttava nell'acqua. Ci ordinò di cercare oggetti di piombo, di ottone o stagno che prese con sé, come pure un vecchio pettine di corno. Accanto a lui mi sentivo molto angustiato, non già perché sapevo che mio padre, se fosse stato al corrente, mi avrebbe vietato quella compagnia, ma perché quel ragazzo mi faceva paura. Ero contento che mi pigliasse e trattasse come gli altri. Egli comandava e noi obbedivamo e pareva una vecchia consuetudine benché mi trovassi con lui la prima volta.

Infine ci sedemmo per terra. Franz sputava nell'acqua e aveva un'aria da uomo. Sputava attraverso una lacuna fra i denti e colpiva dove voleva. Prese a discorrere mentre gli altri incominciavano a menar vanto d'ogni sorta di gesta da scolari e di tiri birboni. Io tacevo e appunto per il mio silenzio temevo di essere notato e di attirarmi la collera di Kromer. Fin dall'inizio i miei due compagni mi avevano abbandonato mettendosi dalla parte di lui, sicché ero un estraneo tra loro e capivo che il mio abito e le mie maniere dovevano provocarli. Non poteva darsi che Franz volesse bene a me, allievo delle medie e figlio di signori, e sentivo che al momento buono gli altri due mi avrebbero rinnegato e piantato in asso.

Avevo tanta paura che anch'io incominciai a raccontare. Inventai una storia di briganti della quale mi feci protagonista. Una notte, raccontai, in un orto presso il mulino, avevo rubato con un compagno un intero sacco di mele e non di quelle comuni, ma tutte ranette e paradise. Dal pericolo del momento mi rifugiai in quella storia, e non avevo alcuna difficoltà a inventare e narrare. Pur di non smettere e di non essere implicato in qualcosa di peggio, feci sfoggio di tutta la mia arte. Uno di noi, dissi, aveva dovuto fare il palo, mentre l'altro era sull'albero e buttava giù le mele, e il sacco era così pesante che infine avevamo dovuto riaprirlo e lasciar lì la metà, ma dopo mezz'ora eravamo ritornati a prendere anche quelle.

Terminato il racconto speravo di incontrare le approvazioni dell'uditorio, tanto mi ero infervorato e inebriato del mio fantasticare. I due minori tacquero aspettando, mentre Franz, che mi fissava stringendo le palpebre, domandò con aria minacciosa:

«È vero?»

«Sì» risposi.

«Proprio tutto vero?»

«Sì, tutto vero» assicurai con faccia franca mentre dentro di me soffocavo dall'angoscia.

«Potresti giurare?»

Restai interdetto, ma dissi subito di sì.

«Allora di': In nome di Dio e della mia salvezza!»

Ripetei: «In nome di Dio e della mia salvezza».

«Va bene» fece lui voltandosi dall'altra parte.

Pensai che tutto fosse superato e con piacere lo vidi alzarsi e prendere la via del ritorno. Quando fummo sul ponte osservai timidamente che dovevo ritornare a casa.

«Via, non ci sarà tanta fretta» rise Franz. «Dobbiamo fare la stessa strada.»

Continuò lentamente mentre io non osavo scappare e prese davvero la via di casa nostra. Allorché vi giungemmo e rividi la porta di casa e la grossa maniglia di ottone, le finestre illuminate dal sole e le tende della camera di mia madre, trassi un profondo respiro. Che bella cosa ritornare felicemente a casa, alla luce, alla pace!

Quando ebbi aperta la porta e mi ci fui infilato pronto a chiuderla dietro di me, Franz Kromer si insinuò nell'entrata. Nell'atrio fresco e ombroso che riceveva luce soltanto dal cortile mi strinse un braccio e mormorò: «Non aver tanta fretta!».

Lo guardai atterrito. Teneva il mio braccio come in una morsa di ferro. Cercai di capire quali fossero i suoi propositi e se volesse farmi del male. Se mi fossi messo a gridare, pensai, a gridare forte, chi sa se qualcuno sarebbe sceso così rapidamente da salvarmi? Rinunciai però a farlo.

«Che c'è?» domandai. «Che vuoi?»

«Non molto. Devo ancora chiederti qualcosa. Non occorre che sentano gli altri.»

«Che cosa vuoi sapere? Ora devo salire in casa, capisci?»

«Tu sai certamente» sussurrò Franz «a chi appartiene il frutteto presso il mulino?»

«No, non lo so. Forse al mugnaio.»

Franz mi aveva cinto con un braccio e mi tirò vicino a sé in modo che dovetti fissarlo in faccia da vicino. Aveva lo sguardo cattivo, il sorriso maligno e la faccia piena di crudeltà e di potenza.

«Vedi, caro mio, ti so dire io a chi appartiene quell'orto. So da un pezzo che le mele furono rubate, e so che quell'uomo è disposto a dare due marchi a chi gli indichi il ladro.»

«Dio mio!» esclamai. «Non andrai mica a dirglielo?»

Capivo che era inutile rivolgersi al suo sentimento d'onore. Egli era di quell'altro mondo e per lui il tradimento non era delitto. Me ne rendevo conto perfettamente. In queste cose gli uomini di quell'altro mondo non erano come noi.

«Non dirglielo?» rise Kromer. «Credi forse, amico mio, che io sia un fabbricatore di monete false, capace di fare da me i pezzi da due marchi? Io sono un povero diavolo, non ho, come te, un padre ricco, e se posso guadagnare due marchi li devo guadagnare. Può darsi che mi dia anche di più.»

E così mi lasciò libero. Il nostro vestibolo non sapeva più

di pace e sicurezza, il mondo mi crollava d'intorno. Colui mi avrebbe denunciato per delinquente, l'avrebbero detto al babbo e magari sarebbe venuta la polizia. Ero minacciato da tutti gli orrori del caos, tutte le cose brutte e pericolose erano contro di me. Il fatto che non avevo rubato niente non contava. E poi avevo giurato. Dio mio, Dio mio!

Gli occhi mi si empirono di lagrime. Sentivo di dover riscattarmi e mi frugai nelle tasche disperato. Non una mela, non un temperino, niente. Mi venne in mente l'orologio. Era un vecchio orologio d'argento che non funzionava. Lo portavo «così». Era stato della nonna. Lo estrassi in fretta dicendo: «Senti, Kromer, non devi denunciarmi, non sarebbe un bel gesto da parte tua. Guarda, ti regalo l'orologio. Purtroppo non ho altro. Te lo do, è d'argento e la macchina è buona, ha solo un piccolo difetto che bisogna far aggiustare».

Egli sorrise e prese l'orologio. Guardai la sua manona, intuendo quanto fosse rozza e a me ostile poiché mi carpiva la vita e la pace.

«È d'argento...» ripetei timidamente.

«Me ne infischio del tuo argento e di questa vecchia cipolla» disse con profondo disprezzo. «Pensa tu a farlo aggiustare.»

«Ma, Franz, aspetta un momento!» esclamai tremando dal timore che volesse andarsene. «Prendi l'orologio. È proprio d'argento, credilo. E io non ho altro.»

Mi guardò freddamente e dall'alto.

«Tu sai, dunque, da chi vado. Del resto potrei anche andare in questura, conosco bene il maresciallo.»

E si volse per allontanarsi, ma io lo trattenni per la manica. No, sarei morto piuttosto che sopportare ciò che mi sarebbe toccato se si allontanava così.

«Andiamo, Franz» implorai con voce rauca dall'agitazione «non fare sciocchezze. Non è che uno scherzo, vero?»

«Già, uno scherzo che può costarti caro.»

«Ebbene, Franz, dimmi che cosa devo fare. Farò tutto quello che vuoi.»

Egli mi guardò stringendo le palpebre e tornò a ridere.

«Non fare lo sciocco!» disse con finta benevolenza. «Tu capisci le cose quanto me. Posso guadagnare due marchi e non sono tanto ricco da buttarli via. Tu invece sei ricco, possiedi perfino un orologio. Basta che i due marchi me li dia tu e tutto va a posto.»

La logica era evidente. Ma i due marchi! Per me erano altrettanto irraggiungibili come dieci, come cento, come mille. Io non avevo denaro. C'era un piccolo salvadanaio che mia madre custodiva e vi si trovavano alcune monetine di dieci e cinque centesimi provenienti dalle visite degli zii o da simili occasioni. Non possedevo altro. A quell'età non ricevevo ancora i soldini per le spese minute.

«Non ho niente» dissi con tristezza. «Denaro non ne ho, ma ti darò quello che vuoi. Ho un racconto d'indiani, i soldatini, una bussola. Vado a prenderla.»

Kromer fece un ghigno e sputò per terra.

«Poche chiacchiere!» comandò. «Tienetele pure le tue carabattole. Una bussola! Non farmi arrabbiare, hai capito? e tira fuori i soldi.»

«Ma se non ne ho! Nessuno me ne dà mai. Non è colpa mia.»

«Allora i due marchi me li porti domani. Dopo scuola ti aspetto in piazza. E basta così. Se non porti il denaro la vedrai.»

«Ma dove prenderlo? Se non ne ho...».

«In casa vostra c'è abbastanza denaro. È affar tuo. Dunque, domani dopo scuola. E ricordati che se non lo porti...» e lanciatomi uno sguardo terribile sputò ancora e scomparve come un'ombra.

Non potevo salire in casa. La mia vita era rovinata. Pensai di fuggire e di non ritornare mai più o di annegarmi. Ma non erano immagini precise. Lì, al buio, mi sedetti sull'ultimo gradino e mi abbandonai alla disperazione. Lina mi trovò in lagrime quando scese col canestro per prendere la legna.

La pregai di non dir nulla in casa e salii. All'attaccapanni di fianco alla porta vetrata c'erano il cappello di mio padre e l'ombrellino della mamma donde emanava un senso di tenerezza e d'intimità. Il mio cuore grato e implorante salutò le due cose come il figliol prodigo aveva salutato la vista e l'odore delle stanze familiari. Ma tutto ciò non era più roba mia, bensì il mondo chiaro dei miei genitori, mentre io ero caduto nella colpa e nella corrente estranea, irretito nell'avventura e nel peccato, minacciato dal nemico e dai pericòli, in attesa dell'angoscia e della vergogna. Il cappello e l'ombrellino, il vecchio pavimento di mattonelle, il grande quadro sopra l'armadio in anticamera e nella stanza di soggiorno la voce della mia sorella maggiore eran tutte cose delicate e deliziose come non mai, ma per me non c'era più conforto né sicurezza, c'era soltanto il rimprovero. Quelle cose non erano più mie né potevo partecipare della loro pace e serenità. I miei piedi recavano il fango che non si poteva pulire nella stuoia, e con me venivano le ombre che il mondo familiare non conosceva. Tanti segreti avevo già avuti, tante ansie, ma tutto era stato un gioco in confronto di ciò che recavo ora in quelle stanze. Un destino m'inseguiva con le mani tese dalle quali nemmeno la mamma poteva proteggermi, delle quali, anzi, non doveva saper niente. Che il mio delitto fosse furto o menzogna (non avevo forse giurato il falso, in nome di Dio e della mia salvezza?) era indifferente. Il mio peccato non consisteva in questo o in quello, ma nel fatto di essermi consegnato al demonio. Perché ero andato con loro? Perché avevo obbedito a Kromer più di quanto non avessi mai obbedito a mio padre? Perché avevo inventato la storia del furto? Perché vantarmi di un delitto quasi fosse un atto eroico? Ora il diavolo mi teneva per mano, il nemico mi stava alle calcagna.

A un certo punto non ebbi più timore del domani, ma soprattutto la tremenda certezza che la mia strada era in discesa e conduceva alle tenebre. Sentivo chiaramente che il mio misfatto avrebbe chiamato altri misfatti, che la mia comparsa tra i fratelli, il mio saluto e il mio bacio ai genitori erano menzogne, che portavo dentro di me un segreto fatale e lo tenevo nascosto.

Per un istante, osservando il cappello del babbo, ebbi un baleno di fiducia e di speranza. Gli avrei detto tutto, accettando la sua sentenza e il castigo e facendolo mio confidente e salvatore. Sarebbe stata una penitenza come tante altre, un'ora grave e una difficile e contrita richiesta di perdono.

Come dolce, come allettante! Ma non c'era niente da fare. Sapevo che non avrei potuto. Sapevo che possedevo un segreto, una colpa che dovevo smaltire per conto mio. Forse in quello stesso momento ero al bivio decisivo, forse da quell'istante sarei entrato per sempre nel novero dei malvagi, avrei condiviso i segreti coi cattivi, dipendendo da loro, obbedendo a loro, diventando uno di loro. Avevo recitato la parte dell'uomo e dell'eroe e dovevo sopportarne le conseguenze.

Fui ben contento quando, entrato, mio padre fermò l'attenzione sulle mie scarpe bagnate. Era un diversivo che gli impedì di notare il peggio, e io potei accettare un rimprovero che fra me estesi anche al resto. Nello stesso tempo sorse in me un sentimento nuovo, un sentimento cattivo e tagliente: mi sentii superiore al babbo! Per un attimo provai un certo disprezzo per la sua ignoranza, e quel rimprovero per le scarpe bagnate mi sembrò meschino. «Se tu sapessi!!» pensai, e mi pareva di essere il delinquente processato per il furto di un panino mentre dovrebbe confessare un assassinio. Era un sentimento brutto e ripugnante, ma era forte e aveva un grande fascino poiché m'incatenava più stretto che mai al mio segreto e alla mia colpa. A quest'ora, pensavo, Kromer è forse già in questura e mi ha denunciato e chi sa quale bufera si va addensando sul mio capo, mentre qui mi prendono per un fanciulletto.

Di tutta l'avventura raccontata fin qui, quel momento fu

il più importante e duraturo. Era il primo squarcio nella santità del babbo, la prima crepa nei pilastri che avevano sorretto la mia vita infantile e che ogni uomo deve abbattere prima di diventare se stesso. La linea essenziale del nostro destino è fatta di queste esperienze che nessuno vede. Quello squarcio e quella crepa si richiudono, si rimarginano e vengono dimenticati, ma in fondo al cuore continuano a vivere e a sanguinare.

Io stesso ebbi subito orrore di quel nuovo sentimento e avrei voluto buttarmi ai piedi di mio padre per farmelo perdonare. Ma non si può farsi perdonare le cose essenziali: lo sente e lo sa il bambino con la stessa profondità dell'uomo saggio.

Sentivo il bisogno di riflettere e di trovare una via d'uscita per l'indomani, ma non vi riuscii. Tutta la sera fui occupato ad assuefarmi alla mutata atmosfera del nostro salotto. La pendola e la tavola, la Bibbia e lo specchio, lo scaffale e i quadri alla parete prendevano commiato da me, e col cuore sempre più freddo ero costretto a veder sprofondare nel passato e staccarsi da me il mio mondo e la mia bella vita felice. Ero costretto a sentire le mie nuove radici che affondavano nel buio e succhiavano un mondo estraneo. Per la prima volta assaggiai la morte che ha un sapore amaro perché è nascita, angoscia e paura di un tremendo rinnovamento.

Come fui contento di trovarmi finalmente a letto! Poco prima avevo attraversato un ultimo purgatorio con le devozioni della sera durante le quali avevamo cantato un inno che era tra i miei preferiti. Ma io non avevo cantato e ogni nota era stata fiele e veleno. Non partecipai alla preghiera e quando mio padre recitò la benedizione concludendo: «La pace sia con tutti noi» un brivido mi strappò da quella cerchia. La grazia di Dio era con loro, non più con me. E mi allontanai freddo e stanco.

A letto, dopo qualche istante, circondato come ero dal tepore e da un'amorosa sicurezza, il mio cuore tornò indietro ancora una volta girando intorno al passato. Mia madre mi aveva augurato la buona notte come al solito, nella camera vibrava ancora l'eco del suo passo, il chiarore della candela trapelava dallo spiraglio della porta. Ecco, pensavo, adesso la mamma ritorna, se n'è accorta, mi dà un bacio e m'interroga con la sua bontà promettente, e allora potrò piangere e sciogliere il groppo che ho in gola e abbracciandola le dirò tutto e sarò salvo. E quando già lo spiraglio fu buio, stetti ancora un po' in orecchi, convinto che le mie previsioni dovessero attuarsi.

Poi ritornai alla realtà e guardai il nemico in faccia. Lo vedevo chiaramente: strizzava un occhio, le labbra atteggiate a una brutta risata, e mentre lo guardavo e mi sentivo divorare dall'ineluttabile, quello diventava più grande e più brutto e l'occhio malvagio mandava lampi infernali. Mi stette vicino finché mi addormentai, e poi non sognai di lui né della giornata, ma mi pareva di andare in barca coi genitori e con le mie sorelle e intorno a noi c'era la pace, c'era lo splendore di una giornata di vacanza. Di notte mi svegliai assaporando lo strascico di quella beatitudine, vidi ancora brillare al sole i bianchi abiti estivi delle mie sorelle, e da quel paradiso ripiombai nel mondo reale e mi ritrovai davanti al nemico dall'occhio malvagio.

La mattina, quando mia madre venne in fretta a chiamarmi dicendo che era tardi e meravigliandosi che fossi ancora a letto, avevo una brutta cera, e quando mi domandò che cosa avessi ebbi un assalto di vomito.

Era un piccolo vantaggio. A me piaceva essere un po' malato e poter starmene a letto una mattinata con una tazza di camomilla, ascoltare la mamma che sbrigava le faccende nella camera attigua e Lina che in anticamera riceveva il macellaio. La mattina senza scuola era una specie di fiaba incantata, i raggi del sole entravano nella camera, ma non era quello stesso sole che a scuola veniva intercettato dalle tende verdi. Ora, invece, nemmeno ciò mi riusciva gradito perché aveva un suono falso.

Oh, se fossi morto! Avevo invece soltanto un piccolo malessere come altre volte, ma ciò non risolveva nulla; mi salvava dalla scuola, ma non mi salvava da Kromer che alle undici mi aspettava in piazza. Questa volta la gentilezza della mamma non era una consolazione. Mi dava fastidio e faceva male. Finsi pertanto di riaddormentarmi e stetti a rimuginare. Tutto inutile: alle undici dovevo trovarmi all'appuntamento. Perciò mi alzai piano verso le dieci, dicendo che ormai mi sentivo bene. Come sempre mi sentii obiettare che o dovevo ritornare a letto o andare a scuola nel pomeriggio. Dissi che a scuola sarei andato volentieri. Avevo il mio progetto.

Non potevo presentarmi a Kromer senza denaro. Perciò dovevo impadronirmi del salvadanaio che era mio. Non conteneva soldi abbastanza, lo sapevo, ma qualche cosa c'era e un istinto mi diceva che qualcosa era meglio di niente e che bisognava ammansire Kromer.

Non mi sentivo certo sereno allorché entrai in calze nella camera della mamma e tolsi il salvadanaio dalla scrivania, ma mi fu meno grave di ciò che era accaduto il giorno prima. Il batticuore mi attanagliava e non mi sentii meglio quando in fondo alla scala trovai che il salvadanaio era chiuso. Lo si poteva aprire senza difficoltà, bastava strappare una sottile grata di zinco, ma lo strappo era doloroso perché con esso consumavo il furto. Fino allora avevo rubato soltanto pezzi di zucchero o frutta per ghiottoneria. Questa volta avevo commesso un vero furto benché il denaro fosse mio. Sentii che avevo fatto un altro passo verso il mondo di Kromer scendendo sempre più in basso di gradino in gradino. Ma opposi la mia alterigia ben sapendo che non era possibile tornare indietro. Contai il denaro con impazienza: nel salvadanaio pareva parecchio, mentre in mano era una miseria. Sessantacinque centesimi. Nascosi il salvadanaio nel vestibolo, strinsi il denaro in pugno e uscii di casa diverso da come vi ero sempre entrato. Qualcuno mi chiamò dal piano di sopra o almeno mi parve, ma mi allontanai in fretta.

C'era ancora tempo, sicché mi aggirai per le vie di una città che aveva mutato aspetto, sotto nuvole mai vedute, davanti a case che mi guardavano, tra persone che sospettavano di me. Camminando mi ricordai che un compagno di scuola aveva trovato una volta un tallero per la strada. Avrei voluto pregare che Dio facesse un miracolo offrendomi altrettanto, ma non avevo più il diritto di pregare. E anche in tal caso il salvadanaio non ridiventava intero.

Franz mi vide da lontano, ma mi venne incontro molto lentamente come non badasse a me. Quando mi fu vicino mi fece un cenno ordinandomi di seguirlo, e senza mai voltarsi proseguì tranquillamente da una via all'altra finché alla periferia si fermò davanti a una casa in costruzione. Nessuno vi lavorava, i muri erano nudi, senza porte, senza imposte. Kromer si guardò in giro ed entrò. E io lo seguii. Fermatosi dietro il muro mi guardò e tese la mano.

«Ce l'hai?» domandò freddamente.

Trassi il pugno dalla tasca e versai il mio denaro nella sua mano. Aveva finito di contare prima che l'ultima moneta vi fosse caduta.

«Sono sessantacinque centesimi» disse guardandomi.

«Già» feci timidamente. «È tutto quello che ho. So che è poco, ma è tutto. Non possiedo altro.»

«Ti credevo più intelligente» borbottò in tono di mite rimprovero. «Tra gentiluomini si devono fare le cose per bene. Tu sai che non voglio portarti via se non il giusto. To' riprendi i tuoi nichelini. Quell'altro, tu sai chi, non tenta di contrattare. Quello paga.»

«Ma io non ho più di così. Sono tutti i miei risparmi.»

«Affare tuo. Non voglio però che tu rimanga scontento. Mi devi ancora un marco e trentacinque centesimi. Quando li avrò?»

«Li avrai certamente, Kromer. Ora non so... forse domani o dopodomani. Tu capisci che non posso dirlo al mio babbo.»

«Ciò non mi riguarda. Io non voglio certo farti del male. Vedi, potrei avere i miei soldi prima di mezzogiorno, e sono povero. Tu porti abiti belli e mangi meglio di me. Ma lasciamo andare. Sono disposto ad aspettare. Posdomani ti darò un fischio nel pomeriggio e regoleremo l'affare. Tu conosci il mio fischio?»

E me lo fece sentire benché non mi fosse nuovo.

«Sì, sì, lo so.»

E andò via come io non c'entrassi. Tra noi si trattava di un affare, nient'altro.

Credo che il fischio di Kromer mi incuterebbe spavento anche ora se lo riudissi all'improvviso. Da quel giorno lo udii spesso, lo udivo sempre. Non c'era luogo né gioco né lavoro né pensiero dove non penetrasse quel fischio che mi rendeva schiavo ed era il mio destino. Spesso nelle belle giornate d'autunno stavo nel nostro giardinetto che mi era molto caro, e una strana smania mi spingeva a ripigliare i giochi infantili di altri tempi: facevo, per così dire, il bambino più giovane di me che era ancora buono e libero, innocente e salvo. Ma, in mezzo ai giochi, sempre inatteso e sempre con paurosa sorpresa, il fischio di Kromer arrivava da qualche parte, tagliava il filo, schiantava le fantasie. Allora mi dovevo incamminare, seguire il mio carnefice in luoghi brutti e odiosi, rendergli conto e farmi sollecitare il pagamento. Ciò durò qualche settimana, ma a me pareva fossero anni, pareva un'eternità. Raramente trovavo denaro, qualche soldino rubato dalla tavola di cucina quando Lina vi lasciava la sporta della spesa, e tutte le volte Kromer mi rimproverava e mi diceva il suo disprezzo. Ero io che volevo ingannarlo e frodarlo del suo buon diritto, ero io che lo derubavo e lo rendevo infelice! Poche volte nella mia vita il dolore mi ha colpito così duramente, mai ho provato tanta disperazione e un tale senso di schiavitù.

Riempito il salvadanaio di gettoni, l'avevo rimesso al suo posto e nessuno se ne curò. Ma la scoperta poteva essere fatta da un momento all'altro. Più del volgare fischio di Kromer temevo talvolta mia madre che mi si avvicinava piano piano: non veniva forse per chiedermi conto del salvadanaio?

Poiché mi ero presentato molte volte al mio demonio

senza denaro, egli cominciò a torturarmi e a sfruttarmi in altro modo. Mi costrinse a lavorare per lui. Le commissioni che doveva fare per suo padre, dovevo sbrigarle io, oppure mi ordinava di eseguire qualche cosa di difficile, di saltellare dieci minuti su una gamba sola, di appiccicare una striscia di carta alla giacca di un passante. Nei miei sogni notturni quei tormenti continuavano, e sotto quell'incubo mi trovavo in bagni di sudore.

A un certo punto mi ammalai. Rigettavo spesso, avevo freddo, mentre invece di notte sudavo. Mia madre capiva che ci doveva essere qualcosa e mi dimostrava un affetto così vigile che per me era una tortura, poiché non potevo ripagarla con la mia fiducia.

Una sera, mentre ero già a letto, mi portò un pezzetto di cioccolata. Era una ripetizione di altri tempi quando la sera, se ero stato bravo, sul punto di addormentarmi ottenevo simili bocconcini di conforto. Ora la mamma venne e mi porse la cioccolata. Ero così desolato che potei soltanto scuotere la testa. Ella mi chiese se mi sentivo male e mi accarezzò i capelli. Per parte mia potei soltanto esclamare: «No, no, non voglio niente!». Ella posò la cioccolata sul comodino e uscì. Il giorno dopo, interrogato in proposito, finsi di non saperne nulla. Un'altra volta fece venire il dottore che mi visitò e mi prescrisse spugnature fredde al mattino.

Le mie condizioni erano a quel tempo una specie di follia. Nella pace regolare della nostra casa vivevo pavido e tormentato come uno spettro, non partecipavo alla vita degli altri e raramente mi dimenticavo per qualche oretta. Con mio padre che molte volte mi interpellava irritato ero chiuso e freddo.

Talvolta lo sapevo: lo scopo della mia vita era di diventare come il babbo e la mamma, puro e limpido come loro, come loro ordinato e superiore. Ma la strada che conduceva a questa meta era lunga ed esigeva che si frequentassero scuole, si studiasse e si dessero esami; e quella strada attraversava sempre anche l'altro mondo, quello oscuro, nel quale poteva accadere di indugiare e sprofondare. Esistevano storie che narravano di figli perduti ai quali ciò era accaduto e io le avevo lette con passione. Vi si raccontava sempre di un solenne ritorno a casa e al padre come di una redenzione; io capivo benissimo che solo in ciò risiedeva il giusto, il buono, l'auspicabile e tuttavia l'altra parte della storia – quella che si svolgeva nel mondo dei malvagi e dei perduti – era molto più affascinante. E a voler essere sinceri sino in fondo, a volte era davvero un peccato che il figlio perduto dovesse espiare la propria colpa e venir ritrovato.

L'adulto, avendo imparato a mutare una parte dei suoi sentimenti in pensieri, non trova questi pensieri nel fanciullo, e crede pertanto che questo non abbia neanche le esperienze. Io, invece, raramente ho vissuto e sofferto così a fondo come allora.

Io non ho mai tenuto in gran conto... l'educazione, vale a dire ho sempre avuto forti dubbi sulla possibilità di cambiare, di migliorare in qualche modo l'uomo attraverso l'insegnamento. Avevo invece una certa fiducia nella dolce forza di persuasione del bello, dell'arte, della poesia: io stesso nella mia gioventù fui più plasmato e reso curioso del mondo spirituale da queste forze che da tutti i «metodi educativi» ufficiali o privati.

DAL TEMPO DELLA SCUOLA

Nei miei anni di scuola due insegnanti ho potuto amare e rispettare, riconoscendo loro senza esitazioni un'autorità assoluta e lasciandomene dirigere con una semplice occhiata. Il primo, di nome Schmid, insegnava nella scuola classica di Calw, ed era un professore assai poco amato da tutti gli altri studenti, e temuto perché severo, aspro, bisbetico e inflessibile. Egli divenne importante per me perché nella sua classe (noi avevamo dodici anni) ebbe inizio lo studio del greco. Allievi di una piccola scuola quasi rurale eravamo abituati a insegnanti o da temere e odiare, o da eludere mentendo, oppure da deridere e disprezzare. La loro indubbia autorità, che esercitavano a volte in modo tremendo e inumano – accadeva ancora spesso che i colpi sulle mani o le tirate d'orecchio arrivassero al sangue –, era enorme e del tutto immeritata, ma si trattava di un potere ostile, temuto e odiato. Che un insegnante potesse avere autorità per il fatto che ci era superiore, perché rappresentava la cultura e l'umanità e ci radicava nell'animo l'idea di un mondo più alto e più puro, questo con tutti gli altri insegnanti delle classi inferiori non l'avevamo ancora provato. Ne avevamo conosciuti di bonari, che alleggerivano a sé e a noi la noia delle lezioni lasciando correre, guardando fuori della finestra o leggendo romanzi mentre noi copiavamo l'uno dall'altro un esercizio scritto qualsiasi. Avevamo conosciuto anche maestri malvagi, tetri, rabbiosi, furiosi, che ci tiravano i capelli e ci picchiavano in testa. (Uno che era il vero tipo dell'iracondo, un gobbo, soleva accompagnare le sue ramanzine ai cattivi scolari battendo loro a tempo sulla testa la sua pesante chiave di casa.) Che ci potessero essere anche dei professori che l'allievo segue affascinato e volenteroso, tali che di buon grado egli s'affatica per loro e ne scusa perfino le ingiustizie e i malumori, cui è grato per il mondo più alto che gli schiudono, e cerca di dimostrare la propria riconoscenza; questa possibilità ci era rimasta sino allora sconosciuta.

E ora in quarta mi toccava il professor Schmid. Dei circa venticinque scolari di quella classe, noi cinque che ci eravamo decisi per gli studi umanistici, eravamo chiamati «umanisti» o «greci», perché, mentre gli altri avevano lezioni profane, come disegno, scienze naturali e simili, venivamo iniziati dal professor Schmid al greco. Egli non era affatto ben visto: un uomo rasato e coi capelli scuri, pallido, malaticcio, dall'espressione preoccupata e dallo sguardo amaro, per lo più di umore serio e severo, che anche quando scherzava aveva un tono sarcastico. Non so che cosa fosse precisamente in lui che mi conquistò, contro il giudizio di tutta la classe, forse fu l'impressione della sua infelicità. Non era robusto e appariva sofferente, aveva inoltre una moglie inferma, delicata di salute, che non si faceva quasi mai vedere; e del resto viveva, come tutti gli altri nostri insegnanti, in sordida povertà. Qualche circostanza, probabilmente la malattia di sua moglie, gli impediva di migliorare le sue entrate accettando dei pensionanti, come facevano gli altri, e già questa particolarità gli dava una nota di distinzione di fronte ai colleghi. In più c'era il greco. Noi cinque prescelti fra i condiscepoli apparivamo a noi stessi come un'aristocrazia spirituale perché eravamo avviati agli studi superiori, mentre i nostri compagni si preparavano a divenire artigiani o commercianti; ed ecco che ora incominciavamo a imparare questa misteriosa antica lingua, ancora più antica, misteriosa e aristocratica del latino: una lingua che non si apprende per guadagnar denaro o per girare il mondo, ma solo per fare conoscenza con Socrate, Platone e Omero. [...]

Facile non ce lo rese certamente, l'anno scolastico, questo signor Schmid. Ce lo rese estremamente pesante, spesso senza necessità. Esigeva molto, almeno da noi «umanisti», e non era solo severo e spesso duro, ma sovente anche assai lunatico; aveva talvolta accessi d'ira improvvisa per i quali noi tutti, me compreso, molto lo temevamo, come in un vivaio gli avannotti possono temere il luccio che li mette in fuga. Questo l'avevo già provato con altri insegnanti, ma con Schmid feci un'esperienza nuova: provai, accanto al timore, la reverenza, capii che si può amare e venerare un uomo anche quando lo si ha come avversario, anche se è lunatico, ingiusto e terribile. A volte, quando aveva le sue ore nere e guardava con quel suo viso magro, di sotto i lunghi capelli neri, con espressione sofferente, tenebrosa e irata, ero costretto a pensare al re Saul e alle sue tempeste. Ma poi guariva: spianava il volto, tracciava lettere greche sulla lavagna e diceva, sulla grammatica e sulla lingua greca, cose che, io lo intuivo, erano più della solita roba scolastica. Del greco io m'innamorai, benché temessi quelle ore di lezione, e certe lettere come l'ipsilon, lo psi, l'omega, le tracciavo a volte, ammaliato e compreso, sul mio quaderno come tanti segni magici. [...]

Ma due volte venne con me a passeggio, camminammo insieme all'aria aperta, senza grammatica, senza greco; e durante queste due passeggiate fu con me affettuoso e amichevole, senz'ombra di sarcasmi o di accessi d'ira; mi chiese delle mie inclinazioni, dei miei sogni per l'avvenire, e da allora lo amai, benché egli, appena io ritornai in classe, avesse l'aria di aver del tutto scordato quegli episodi. [...]

Non molto dopo che io ebbi terminato quell'anno nella classe che aveva come ordinario Schmid, lasciai il mio paese e la mia scuola e fui condotto per la prima volta lontano da casa. Ciò avvenne in parte per scopi educativi, perché stavo diventando un figlio difficile e cattivo anzichenò, e i miei genitori non sapevano più come prendermi. Inoltre era necessario ch'io venissi preparato il meglio possibile per l'«esame di stato». Questa pubblica prova, che valeva per tutto il Württemberg, si faceva ogni anno d'estate ed era molto importante perché chi la superava otteneva un posto gratuito in uno dei «seminari» teologici e si poteva mantenere con la borsa di studio. Tale era la strada prevista per me. Nel Württemberg c'erano alcune scuole in cui si effettuava in modo speciale la preparazione a quest'esame, e io fui mandato appunto in una di queste. Era la scuola classica di Göppingen, dove da anni funzionava da ripetitore per l'esame di stato il vecchio rettore Bauer, celebre in tutto il paese e assediato ogni anno da uno stuolo di zelanti scolari che da ogni parte venivano inviati a lui.

In precedenza il rettore Bauer aveva avuto fama d'essere un pedagogo rozzo e manesco: un mio parente maggiore d'età di me era stato suo scolaro anni prima e aveva subito dure persecuzioni. Ora era vecchio, passava per un originale, ma anche per un insegnante che, pur pretendendo molto dai suoi scolari, sapeva anche essere gentile con loro. Però io davanti al famoso rettore provai non poca paura quando, dopo il primo doloroso distacco dalla casa paterna, mi trovai ad aspettarlo davanti al suo studio tenuto per mano da mia madre. Credo che lei al primo momento non ne fosse bene impressionata, quand'egli ci venne incontro e ci fece entrare nella sua cella: era un vecchio curvo, coi capelli grigi in disordine e gli occhi un po' sporgenti venati di rosso; vestito di un indescrivibile abito di foggia antiquata di un verde sbiadito, portava un paio d'occhiali giù fin sulla punta del naso e teneva nella mano destra una lunga pipa dalla grossa testa di porcellana lunga fin quasi al pavimento, dalla quale aspirava in continuazione e soffiava fuori grosse nuvole nella stanza piena di fumo. Neppure durante le ore di lezione si separava dalla sua pipa. Quello strano vecchio dal portamento curvo e trasandato, il vecchio abito negletto, lo sguardo triste e pensieroso, le pantofole acciaccate e la lunga pipa eruttante fumo, mi parve un vecchio mago alla cui protezione ora io sarei affidato. Poteva essere terribile, avere a che fare con quel vegliardo grigio polveroso e lontano dal mondo, ma poteva anche essere allettante e incantevole; in ogni caso era qualcosa di speciale, un'avventura, un'esperienza. Ero pronto ad andargli incontro e curioso di conoscerlo. [...]

Quei rapporti tra maestro e scolaro di cui avevo avuto un'idea a Calw col professor Schmid, quel legame sottile ma incommensurabilmente fecondo che unisce una guida a un ragazzo intelligente, tra il rettore Bauer e me venne a completa fioritura. Il vecchio originale dall'aspetto quasi repellente e dalle eccentricità e dai ghiribizzi innumerevoli, che guardava di dietro le sue strette lenti verdastre con occhi così pungenti e malinconici e con la sua lunga pipa riempiva ininterrottamente di fumo la nostra piccola aula sovraffollata, divenne per un certo tempo il mio duce, il mio modello, il mio giudice: un venerato semidio. Oltre a lui avevamo altri due insegnanti, ma per me era come se non esistessero: sparivano come ombre accanto alla figura amata, temuta e venerata del vecchio Bauer, come se avessero una dimensione di meno. [...] Allora, mentre fioriva in pieno la mia adolescenza e nasceva l'intuizione presaga dell'amore sessuale, la scuola, un'istituzione di solito così indifferente e disprezzata, fu per più di un anno il vero fulcro della mia vita, intorno a cui si volgeva tutto, perfino i sogni, perfino il pensiero delle vacanze. Io ch'ero sempre stato uno scolaro suscettibile e tendente alla critica, uso a difendermi fino al sangue da ogni dipendenza e da ogni sottomissione, fui preso e affascinato da quel vecchio misterioso semplicemente perché egli mi richiamava agli ideali più elevati e, mostrando di non vedere la mia immaturità, la mia goffaggine, le mie manchevolezze, presupponeva in me delle doti superiori e dava per scontato il mio successo. Non aveva bisogno di molte parole per esprimere una lode. Quando di un compito di latino o di greco diceva: «L'hai fatto benino, Hesse», io ero felice ed entusiasta per molti giorni. E quando nel passarmi accanto senza neppur guardarmi sussurrava: «Non sono del tutto contento di te, potresti fare di più», ne soffrivo, e mi mettevo a studiare come un forsennato per riconciliarmi l'approvazione del semidio. Spesso parlava con me in latino, e tradusse il mio nome in Chattus.

Non saprei dire fino a che punto i miei compagni partecipassero di quella mia particolare esperienza. In ogni caso alcuni privilegiati, i miei più prossimi camerati e rivali, erano evidentemente quanto me ligi anima e corpo al vecchio incantatore, furono anch'essi unti e consacrati e si sentirono come degli adepti sui primi gradini della santificazione. Quanto a me, se tento di comprendere psicologicamente la mia giovinezza, trovo che in essa, nonostante qualche ribellione e, anche, qualche mia diserzione, il lato migliore e più positivo è stato la capacità di rispetto, e vedo che la mia mente si è sviluppata ed è fiorita meglio quando ho potuto onorare e venerare qualcuno e mirare a elevati ideali. Questa felice tendenza di cui già mio padre aveva capito e curato le prime manifestazioni, dopo essere stata vicina ad appassire con tutta una serie di maestri stupidi, mediocri e indifferenti, rifiorita alquanto sotto il collerico professor Schmid, si sviluppò appieno per la prima e l'ultima volta nella mia vita col rettore Bauer.

Se anche egli non avesse saputo far altro che innamorare del greco e del latino alcuni scolari più sensibili e ispirar loro la fede in una vocazione spirituale e il conseguente senso di responsabilità, avrebbe già fatto qualcosa di grande e di meritevole. Ma la particolarità rara di quel maestro era il dono non solo di sentire al fiuto i più intelligenti tra i suoi allievi dando nutrimento e appoggio al loro idealismo, ma anche di soddisfare le esigenze della loro età, le loro puerilità, la loro voglia di giocare. Perché Bauer non era solo un Socrate venerato, era anche un pedagogo capace ed eccezionalmente estroso, il quale trovava sempre il modo di rendere piacevole la scuola ai suoi ragazzi di tredici anni. Quell'uomo intelligente, che sapeva ammannirci con tanta abilità la sintassi latina e la morfologia greca, aveva inoltre sempre delle trovate che ci affascinavano. Bisognerebbe avere un'idea della severità, della rigidezza e della noia di una scuola classica del tempo per capire come potesse riuscire vivo, originale e geniale quest'uomo in mezzo a una casta di aridi impiegati. Già il suo aspetto, quell'apparenza fantastica che da principio destava il senso critico e la voglia di ridere, si trasformava ben presto in un mezzo per ottenere autorità e disciplina. Particolarità e inclinazioni che in sé non sembravano per nulla indicate ad accrescere il suo prestigio, egli le trasformava in nuovi mezzi di educazione. Così per esempio la sua lunga pipa, che aveva fatto inorridire mia madre, dopo pochissimo tempo per noi scolari non era più affatto un attributo ridicolo o fastidioso, bensì una specie di scettro e di simbolo di potere. Chi poteva tenergliela un momento, o aveva l'onorato incarico di svuotarla e di tenerla pronta, era un beniamino invidiato. E c'erano anche altri uffici onorevoli da noi scolari fervidamente ambiti. Esisteva l'ufficio di «folletto», che per qualche tempo assolsi con orgoglio. Il «folletto» doveva ogni giorno spolverare la cattedra del rettore con due zampe di lepre che stavano sul piano più alto del leggio. Quando un giorno quell'ufficio mi venne tolto per essere dato a un altro scolaro fu per me un tremendo castigo.

In certi giorni d'inverno, che noi ce ne stavamo nella nostra aula riscaldata e piena di fumo mentre fuori delle finestre ghiacciate splendeva il sole, il nostro rettore era capace di dire improvvisamente: «Ragazzi, qui dentro c'è un puzzo infame e fuori brilla il sole. Fate un giro di corsa intorno all'edificio, ma prima spalancate le finestre!». Oppure, nei periodi in cui noi candidati all'esame di stato eravamo sovraccarichi di compiti extra, inaspettatamente ci invitava a salire in casa sua, dove trovavamo in una stanza a parte un enorme tavolo, con sopra parecchie scatole piene di soldatini di piombo da disporre in eserciti e in schiere; e quando incominciava il combattimento, il rettore soffiava dalla sua pipa solenni nuvole di fumo in mezzo ai battaglioni.

La vera cultura non è quella che mira a un qualche scopo, ma, come ogni ricerca della perfezione, ha il suo significato in se stessa. Come la ricerca della forza, dell'agilità e della bellezza fisica non ha un suo fine ultimo (quello, ad esempio, di farci ricchi, celebri e potenti), ma ha la sua ricompensa in se stessa, in quanto esalta il nostro senso vitale e la nostra fiducia in noi stessi, ci rende più lieti e più felici e ci dà un più alto senso di sicurezza e di salute, così anche la ricerca della «cultura», cioè di un perfezionamento intellettuale e spirituale, non è un cammino faticoso verso un qualche fine limitato, ma un fortificante e benefico allargamento della nostra coscienza, un arricchirsi delle nostre potenzialità di vita e di gioia. Per questo la vera cultura, come la vera educazione fisica, è insieme stimolo e appagamento, tocca sempre il traguardo ma non si ferma in nessun luogo, è un viaggio nell'infinito, un vibrare all'unisono con l'universo, un vivere con esso fuori del tempo. Il suo scopo non è lo sviluppo di singole facoltà o rendimenti, ma essa ci aiuta a dare un senso alla nostra vita, a interpretare il passato, ad aprirci al futuro con coraggiosa prontezza.

Delle vie che conducono a questa cultura, una delle più importanti è lo studio della letteratura universale, il prendere dimestichezza, a poco a poco, con l'immenso tesoro di pensieri, esperienze, simboli, fantasie e miraggi che il passato ci ha lasciato in eredità nelle opere dei poeti e dei filosofi di molte nazioni. Questa via è interminabile, nessuno potrà mai percorrerla sino in fondo, nessuno potrebbe esaurire lo studio e la conoscenza dell'intera letteratura anche di un solo popolo civile, per non parlare di quella di tutta l'umanità. In cambio, però, ogni nostro intelligente addentrarci nell'opera di un poeta o di un filosofo di alto livello è una felice e appagante esperienza, che in noi accresce non una somma di morte nozioni, ma la nostra viva coscienza e la nostra comprensione. Quel che ci deve importare non è di aver letto e di conoscere il più possibile, ma, attraverso una scelta libera e personale di capolavori cui ci dedichiamo appieno nelle nostre ore di ricreazione, il farci un'idea della larghezza e dell'abbondanza di ciò che l'uomo ha pensato e desiderato, e di porci in un rapporto di vivificante congenialità con il tutto, con la vita e il pulsare dell'umanità. Questo, in fondo, è il significato di ogni esistenza che non si limiti al puro bisogno materiale. La lettura non deve affatto «distrarci», ma anzi concentrarci; non deve farci dimenticare una vita senza senso e stordirci con una consolazione apparente, ma, al contrario, deve concorrere a dare alla nostra vita un significato sempre più alto e più pieno.

La gioventù vive un momento difficile, essa è piena di forze e si scontra da ogni parte con regole e convenzioni. Il figlio non odia niente di più delle regole e delle convenzioni in cui vede imprigionato il padre. Uno schiaffo al rispetto fa parte delle azioni senza le quali non ci si libera dalla sottana della madre. E poiché ora la giovane generazione sente sprofondare un intero mondo borghese durato decenni, sotto la cui meschina bacchetta è cresciuta, a ragione ne esulta... Colui che non può tollerare... la parzialità e la sovversione temeraria, colui che preferirebbe vedere la gioventù saggia, benevola e comprensiva verso tutto piuttosto che fanatica e puritana, la rifiuti pure. Sarà a suo danno.

In sostanza il problema scottante è proprio questo: dobbiamo dare alla gioventù quanto più è possibile di tradizioni, sicurezze e norme oppure dobbiamo lasciarla il più possibile libera, educarla il più possibile all'elasticità e alla capacità di adattamento? Poiché il mondo in cui questa gioventù cresce non ha più un ordine morale e spirituale, aiutiamola in primo luogo a rimanere onesta e se necessario ad affondare decorosamente, ma togliamole l'occasione di prendere parte a questa società amorale, basata esclusivamente su rapporti di forza, e di avervi successo.

In teoria quindi l'unica cosa permessa sarebbe l'educazione alla norma e all'ortodossia. Fino a che punto tuttavia vogliamo allentare i legami, deve deciderlo soltanto il nostro amore. Possiamo solo usare attenzione, e anche nel migliore dei casi non potremmo evitare che la gioventù venga posta troppo presto di fronte a decisioni di ordine morale e spogliata della propria innocenza.

LA PRIMA AVVENTURA

Avevo diciott'anni ed ero alla fine del mio periodo di apprendistato come meccanico. Mi ero reso conto da poco che non avrei fatto molta strada in quel mestiere ed ero deciso a cambiare di nuovo lavoro. Sarei rimasto ancora in quell'attività finché non mi si fosse offerta l'opportunità di rivelarlo a mio padre, e nel frattempo lavoravo un po' di mala voglia e un po' contento, come uno che si è già licenziato e sa che tutte le strade gli sono aperte.

A quel tempo avevamo nell'officina un apprendista, la cui caratteristica più spiccata consisteva nell'essere parente di una ricca signora della cittadina vicina. Questa signora, vedova ancor giovane del proprietario di una fabbrica, abitava in una villetta, possedeva un'elegante carrozza e un cavallo da sella e passava per altezzosa ed eccentrica, perché non partecipava alle riunioni pomeridiane delle signore e invece cavalcava, pescava, coltivava tulipani e teneva cani San Bernardo. Si parlava di lei con invidia e acredine, specialmente da quando si era saputo che a Stoccarda e a Monaco, dove si recava di frequente, sapeva essere di compagnia.

Questo prodigio era già stato tre volte nell'officina da quando suo nipote o cugino lavorava da noi come apprendista; aveva salutato il parente e si era fatta mostrare le nostre macchine. Ogni volta aveva un aspetto splendido, e mi aveva fatto grande impressione quando con occhi curiosi e strane domande se ne era andata per il locale fuligginoso con indosso una raffinata toilette, una donna alta e bionda dal viso fresco e semplice come quello di una ragazzina. Noi ce ne stavamo là nei nostri camiciotti da meccanico, con i visi e le mani nere, e ci sembrava di ricevere la visita di una principessa. Tutto ciò non era certo conforme alle nostre idee socialdemocratiche, ma ogni volta ce ne rendevamo conto troppo tardi.

Poi un giorno durante la pausa pomeridiana venne da me l'apprendista e disse: «Domenica vuoi venire con me da mia zia? Ti ha invitato».

«Invitato? Tu, non fare brutti scherzi, altrimenti ti ficco il muso nel bagnolo.» Ma faceva sul serio. Ella mi aveva invitato per la domenica sera. Potevamo tornare a casa con il treno delle dieci e se volevamo rimanere più a lungo, forse ci avrebbe dato la carrozza.

Avere rapporti con la proprietaria di una carrozza di lusso, padrona di un domestico, di due serve, di un cocchiere e di un giardiniere, era secondo la mia concezione del mondo di allora semplicemente empio. Ma questo mi venne in mente solo in seguito, dopo che già da un pezzo avevo accettato con entusiasmo e avevo chiesto se andava bene il vestito giallo della domenica.

Fino al sabato andai in giro in uno stato di enorme eccitazione e di gioia. Poi mi assalì l'ansia. Che cosa dovevo dire, come comportarmi, come conversare con lei? Il mio vestito, di cui ero sempre stato orgoglioso, aveva all'improvviso così tante pieghe e macchie, e il colletto era tutto liso ai bordi. Inoltre il cappello era vecchio e consunto, e tutto questo non poteva essere compensato dai miei tre punti di forza: un paio di scarpe basse a punta, una cravatta misto seta di un rosso vivo e un pince-nez cerchiato di nichel. La domenica sera andai con l'apprendista a piedi sino a Settlingen, consumato dall'eccitazione e dall'imbarazzo. La villa apparve ai nostri occhi: ci fermammo presso il cancello davanti a pini e cipressi esotici, il latrato di un cane si confuse con il suono del campanello del portone. Un domestico ci fece entrare, non disse una parola e ci trattò con fare sprezzante, degnandosi a malapena di difendermi dai grossi cani San Bernardo che volevano attaccarsi ai calzoni. Mi guardai preoccupato le mani, che da mesi non erano state pulite così scrupolosamente. Le avevo lavate la sera prima per mezz'ora con petrolio e sapone in pasta.

In un semplice abito estivo di color celeste, la signora ci accolse nel salotto. Diede a entrambi la mano e ordinò di accomodarci, ché la cena sarebbe stata subito pronta.

«Lei è miope?» mi chiese.

«Un pochino.»

«Il pince-nez non le si addice, sa.» Lo tolsi, lo misi in tasca e assunsi un'espressione dura.

«Ed è anche socialdemocratico?» mi chiese ancora.

«Sì, certamente.»

«Ma perché?»

«Per convinzione.»

«Ah ecco! Però la cravatta è davvero graziosa. Ma su, ora ceniamo. Avete fame, non è vero?»

Nella stanza attigua erano stati preparati tre coperti. A eccezione dei tre tipi di bicchieri non vi fu, contro ogni mia aspettativa, niente che mi mettesse in imbarazzo. Una minestra di cervello, un arrosto di lombo, verdura, insalata e dolce, tutte cose che sapevo mangiare senza fare figurac-ce. E i vini li versò la stessa padrona di casa. Durante la cena ella parlò quasi esclusivamente con l'apprendista, e poiché i buoni cibi insieme al vino ebbero su di me un effetto piacevole, ben presto mi sentii bene e sicuro di me.

Dopocena ci portarono da bere in salotto, e quando mi offrirono un ottimo sigaro, acceso, con mio grande stupore, a una candela rossa e oro, il mio benessere crebbe fino all'agio. Ora osai persino guardare la signora, ed ella era così leggiadra e bella, che mi sentii orgogliosamente tra-sportato nei campi elisi della nobiltà, di cui avevo acquisito un'immagine nostalgicamente vaga da alcuni romanzi e feuilleton.

Finimmo per conversare animatamente, e io mi feci così ardito che osai scherzare sulle precedenti osservazioni di

Madame riguardo alla socialdemocrazia e alla cravatta rossa. «Lei ha pienamente ragione» disse ella sorridendo. «Rimanga pure delle sue idee. Ma almeno dovrebbe annodare meno storta la cravatta. Vede, così...»

Mi stava di fronte e si chinò verso di me, prese la cravatta con entrambe le mani e la spostò avvicinandola a sé. Nello stesso momento mi accorsi con grande spavento di come ella infilando due dita nell'apertura della camicia mi stesse sfiorando delicatamente il petto. E quando alzai lo sguardo inorridito, premette di nuovo entrambe le dita, guardandomi fisso negli occhi.

Oh, perbacco, pensai e mi venne il batticuore, mentre lei indietreggiava facendo finta di osservare la cravatta. Ma invece si fece seria e mi guardò di nuovo dritto negli occhi, e annuì lentamente un paio di volte.

«Potresti andare a prendere su nella camera d'angolo la scatola dei giochi?» disse al nipote, che stava sfogliando una rivista. «Sii gentile.»

Egli andò e lei si avvicinò a me, lentamente, gli occhi spalancati. «Oh tu!» disse piano e con dolcezza «come sei carino!»

Nello stesso tempo avvicinò il suo viso, e le nostre labbra si unirono, in silenzio e ardenti, e poi di nuovo e ancora una volta. Io l'abbracciai e la strinsi, l'alta e bella dama, in modo così forte che dovetti farle male. Ma lei cercava ormai solo la mia bocca, e mentre la baciava i suoi occhi si inumidirono e si fecero sfavillanti come quelli di una fanciulla.

L'apprendista tornò con i giochi, ci sedemmo e tutti e tre, ci giocammo a dadi i cioccolatini. Ella riprese a parlare vivacemente scherzando a ogni tiro, ma io non riuscivo ad articolare parola e facevo fatica a respirare. Più di una volta sentii sotto il tavolo la sua mano avvicinarsi e giocherellare con la mia oppure rimanere appoggiata al mio ginocchio.

Verso le dieci l'apprendista disse che per noi era tempo di andare.

«Anche lei vuole già andar via?» mi chiese ella guardandomi. Io non avevo esperienza in affari di cuore e balbettai che sì, ormai era ora, e mi alzai.

«Su, allora» esclamò, e l'apprendista si avviò. Lo seguii alla porta, ma proprio quando lui stava varcando la soglia, ella mi tirò indietro per il braccio e mi strinse di nuovo a sé. E mentre stavo uscendo mi sussurrò: «Sii furbo!». Neanche questo capii.

Ci congedammo e corremmo alla stazione. Prendemmo i biglietti, e l'apprendista montò sul treno. Ma io in quel momento non sapevo che farmene della sua compagnia. Salii solo sul primo gradino, e quando il capotreno fischiò, saltai di nuovo giù e restai indietro. Era già notte fonda.

Stordito e triste corsi fino a casa per la lunga strada maestra, passando accanto al suo giardino e al cancello come un ladro. Piacevo a una nobile dama! Paesi incantati si schiudevano davanti a me, e quando per caso trovai nella tasca il pince-nez di nichel, lo gettai nel fosso al lato della strada.

La domenica successiva, l'apprendista fu di nuovo invitato per il pranzo, ma io no. Ed ella non venne nemmeno più all'officina.

Per tre mesi andai ancora spesso a Settlingen, di domenica o a tarda sera, e stetti ad ascoltare vicino al cancello e gironzolai intorno al giardino; udii i San Bernardo abbaiare e il vento passare attraverso gli alberi esotici, vidi luce nelle camere e pensai: forse mi scorgerà; io le piaccio. Una volta sentii nella casa la musica del pianoforte, dolce e cullante, rimasi appoggiato al muro a piangere.

Mai più tuttavia il domestico mi ha condotto su per le scale e difeso dai cani, e mai più la mano di lei ha toccato la mia e la sua bocca la mia. Solo in sogno mi accadde ancora alcune volte. Alla fine dell'autunno lasciai l'officina, smisi per sempre il camiciotto blu e me ne andai in un'altra città.

METAMORFOSI

Quando ero adolescente,
quando i miei primi timidi passi
nell'agognato regno dell'amore
mi riportavano sconsolato e misero
nell'incomprensibile e accecante giorno,
mi era allora unica consolazione
scavare a piene mani nel dolore,
trasformare, distruggendo
con compiaciuta amarezza, ogni colore incantevole in
riversare violento sulle corde tese fino a spezzarle [nero,
la pena della mia privazione.
E di sera fuggivo la luce,
fuggivo i giardini animati,
per scivolare solitario nel profondo dell'ombra dei faggi,
giù lungo la proda impervia
verso l'oscura deriva dell'onde,
desiderio di morte nel cuore in tumulto.
Ma oggi, che un giorno avaro
si dissolve per me in un tempo incoerente,
che la mia anima ricolma
delle rovine di castelli troppo in fretta costruiti
perse la via verso la speranza,
che l'ora più cupa e infelice della giovinezza
mi arride ancora da lontane profondità come un tesoro
oggi ho abbandonato i sentieri cupi   [d'oro,
della malinconia,
e del dolce lamento.
Ogni sera quando giunge l'ora silente,
accendo a giorno la mia lampada,
ché davanti alla finestra sprofondi la notte nemica.
Con amore tendo le corde più dorate
che mi sono rimaste, e seguo
nel gioco avveduto ogni forma soave,
ogni forma che consola serena.
Lontana è la morte e lontano il dolore dai miei sogni,

sollecito li guido, ché il loro confuso intreccio
mostri solo luce e conforto e immagini felici:
giardini beati, uomini pieni di gioia infantile,
di intimo piacere amoroso e feste adorne di fiori,
donne pure e nobili, uomini pervasi di cortese ardore,
questo mi creo sognando e cerco
ciò che mi è rimasto dei tesori distrutti,
di raccogliere con armonia in belle forme.

Solitario gioca così nelle ore tranquille
il mio desiderio il suo gioco.
Vedi, io spesso so ridere appagato,
ingannando della vita l'insensata crudeltà,
attraverso la mia ingegnosa fantasia.
E l'immagine splendente di fanciulla,
cui sacrificai un dì,
fra desiderio ardente e cupa rinuncia,
il fulgore della mia giovinezza,
avanza (lei, che da tempo
si perse lontana nel quotidiano grigiore)
splendente, più bella che mai,
intatta come fior di primavera,
sul tappeto amorevolmente disteso
dei miei sogni armoniosi.
Come ella incede e si fa dea,
sprofonda della vita la miseria e dei miei giorni segreti
il senso si palesa:
essere dell'amata eco, specchio cortese.
Così, quand'è quell'ora,
erigo degli anni giovanili la memoria,
e in tempio la trasformo
di un amore, che brama non conosce più
né delusione.

La gioventù vive un periodo difficile non solo per i condizionamenti esterni: il problema della libertà e quindi quello della personalità sono diventati per essa quasi insolubili, e questo proprio a causa di un apparente sovrappiù di libertà, che i giovani d'oggi hanno. Negli anni della nostra giovinezza aveva ancora valore, benché anche noi fossimo già per tanti versi molto critici e rivoluzionari, una quantità di leggi scritte e non scritte che, non importa se volentieri o con riluttanza, accettavamo e rispettavamo, mentre oggi è del tutto sparito quasi ogni residuo di una morale generale vincolante. Ma la libertà dalle convenzioni non è sinonimo di libertà interiore, e per gli uomini più nobili la vita in un mondo senza una fede stabilmente formulata non è più facile, bensì molto più difficile, perché sono costretti essi stessi a creare e a scegliere tutti i vincoli entro cui porre la propria esistenza.

È sempre difficile venire al mondo. Lei sa che gli uccelli fanno fatica a uscire dall'uovo [...] bisogna trovare il proprio sogno perché la strada diventi facile. Ma non esiste un sogno perpetuo. Ogni sogno cede il posto a un sogno nuovo, e non bisogna volerne trattenere alcuno.

Questo grave disagio... non termina con la giovinezza, ma è tuttavia vero che riguarda più frequentemente questa fase della vita. È la lotta per l'individualità, per lo sviluppo del carattere.

Non a ogni essere umano è dato di diventare una personalità, la maggior parte rimane copia e non conosce affatto i travagli dell'individualità. Chi però li conosce e li vive, apprende anche con certezza che queste lotte lo pongono in conflitto con la mediocrità, la vita normale e le convenzioni borghesi. Dalle due forze contrapposte, la spinta verso una vita personale e la richiesta di adattamento all'ambiente, nasce la personalità. Nessuna si forma senza esperienze rivoluzionarie, ma questo avviene naturalmente per gradi diversi in ogni essere umano, come pure la capacità di condurre una vita veramente unica e originale (quindi non una vita mediocre)...

Il giovane uomo in divenire, quando tende a una forte individualità, quando si discosta fortemente dall'individuo medio e comune, giunge necessariamente a condizioni che hanno l'apparenza della follia... Non si tratta ora di imporre al mondo le proprie «pazzie» e di rivoluzionarlo, ma di difendere gli ideali e i sogni della propria individualità, affinché non sfioriscano. Il misterioso mondo interiore, dove questi sogni sono di casa, viene costantemente minacciato, è deriso dai compagni, evitato dagli educatori; esso non è uno stato definitivo, ma un continuo divenire.

Il nostro tempo è difficile soprattutto per i più sensibili fra i giovani. Esiste ovunque l'aspirazione a rendere uniformi gli uomini e a restringere il più possibile la loro personalità. E da questo la nostra anima giustamente si difende.

Un'esistenza, per quanto possa sembrare determinata da certe situazioni, porta tuttavia sempre con sé tutte le potenzialità di vita e di trasformazione di cui l'uomo stesso è in qualche modo capace. E queste sono tanto maggiori, quanto più c'è in noi giovinezza, riconoscenza e capacità di amare.

Pur con i limiti che ci impongono il lavoro e l'età adulta, la nostra gioventù non deve andare sepolta. «Gioventù» è ciò che in noi rimane bambino, e più ve n'è, più ricchi possiamo essere anche nella fredda vita razionale.

Qualunque professione scelga un giovane, e quali che siano le sue concezioni del lavoro e il suo entusiasmo, passa pur sempre dal fertile caos del sogno giovanile a un mondo organizzato e cristallizzato e ne sarà comunque deluso. Questa delusione non è in sé sempre dannosa; lucidità può anche significare successo. Ma la maggior parte delle professioni, e a dire il vero proprio quelle «superiori», sfruttano nella loro attuale organizzazione i peggiori istinti di egoismo, di viltà e di indolenza dell'uomo. Questi ha una vita facile quando lascia correre, quando si sottomette, quando imita il signor superiore; e trova infinite difficoltà quando cerca e ama il lavoro e la responsabilità.

Non mi riguarda affatto come si contentino di queste cose i giovani dallo spirito gregario. Gli intellettuali trovano qui un ostacolo pericoloso. Essi non debbono fuggire le professioni, neanche quelle organizzate dallo stato; devono provarle! Ma non devono rendersi subalterni a esse.

CIÒ CHE FAI NELLA VITA...

Ciò che fai nella vita, e non solo come artista, bensì come essere umano, come marito e padre, amico e vicino ecc. viene misurato dal «senso» eterno del mondo, dall'eterna giustizia non secondo una qualche norma fissa, bensì secondo il tuo valore personale e unico. Dio non ti chiederà nel giudicarti: «Sei diventato un Hodler o un Picasso o un Pestalozzi o Gotthelf?». Bensì ti chiederà: «Sei davvero stato e diventato quello per cui hai ricevuto talento e predisposizione?». E dato che mai un essere umano si ricorderà della sua vita e dei suoi errori senza vergogna o sgomento, potrà tutt'al più dire: «No, non lo sono diventato, ma per lo meno vi ho provato con tutte le mie forze». E se lo può dire con sincerità, allora verrà giustificato e avrà superato la prova.

Se ti disturbano immagini quali «Dio» o «giudice eterno»

ecc., le puoi tranquillamente lasciar da parte, non sóno importanti. Ha importanza unicamente il fatto che a ognuno di noi sono dati un'eredità e un compito; dal padre e dalla madre, dagli innumerevoli antenati, dal proprio popolo, dalla lingua il singolo ha ereditato certe caratteristiche, buone e cattive, piacevoli e penose, talenti e difetti, ed egli è tutto questo, e... deve amministrare e vivere fino alla fine questa unicità, farla maturare e infine renderla più o meno compiuta. Vi sono casi memorabili; la storia del mondo e dell'arte ne sono piene: ad esempio capita, come in molte favole, che vi sia lo sciocco e il buono a nulla della famiglia, e che proprio a lui tocchi un ruolo da protagonista, e che proprio grazie a questa fedeltà alla sua natura tutti i più dotati e fortunati diventino piccoli accanto a lui.

Ci fu ad esempio all'inizio del secolo scorso a Francoforte una famiglia composta da grandi talenti, la famiglia Brentano; dei quasi venti figli due sono ancor oggi famosi: i poeti Clemens e Bettina. Ora tutti questi numerosi fratelli erano persone molto dotate, interessanti e superiori alla media, spiriti brillanti, ingegni eccellenti; solo il più grande era e rimase un semplice. Visse tutta la sua esistenza nella casa paterna come un silenzioso genio della casa, senza alcuna spiccata capacità; era cristiano devoto, fratello e figlio paziente e buono, e in mezzo a quella schiera arguta e gaia di fratelli, che spesso si comportava in maniera eccentrica, divenne sempre più un silenzioso punto d'appoggio, un bizzarro tesoro di casa, da cui irradiavano pace e bontà. Di questo semplice, di questo eterno bambino i fratelli erano soliti parlare con profondo rispetto e amore come di nessun altro essere umano. Così anche a lui, il bonaccione, il semplice, venivano affidati un senso e una missione ed egli li ha assolti in modo più compiuto di tutti i suoi brillanti fratelli.

In breve, quando un uomo sente il bisogno di dare una giustificazione alla propria vita, non conta l'oggettiva dimensione generale del risultato, bensì fino a che punto ha saputo esprimere in modo pieno e schietto nella vita e nelle azioni la propria natura e le proprie doti.

Mille seduzioni ci distolgono continuamente da questa strada, ma la più forte di tutte consiste nel voler essere in fondo completamente diversi da quello che si è e inseguire modelli e ideali che non si possono e nemmeno si devono raggiungere. Per gli individui più dotati questa seduzione è particolarmente forte e più pericolosa dei banali rischi legati al semplice egoismo, perché ha un'apparenza nobile e morale.

Ogni fanciullo a una certa età ha desiderato diventare vetturino o macchinista, poi cacciatore o generale, infine Goethe o Don Giovanni; è logico e fa parte del naturale sviluppo e dell'autoformazione: la fantasia sonda in una certa misura le possibilità per il futuro. Ma la vita non soddisfa questi desideri, e le aspirazioni infantili e giovanili si spengono da sole. Eppure si desidera sempre qualcosa, qualcosa che non compete, e ci si tormenta con richieste alla propria natura, che le fanno violenza. A tutti succede così. Ma nel frattempo, nei momenti di maggiore lucidità interiore, avvertiamo di continuo che non esiste via per uscire da noi ed entrare in qualcos'altro, che dobbiamo attraversare la vita con le nostre doti e carenze del tutto personali, e allora succede a volte che progrediamo un pochino, ci riesce qualcosa che in precedenza non sapevamo fare e per un attimo approviamo noi stessi senza dubbi e incertezze, e possiamo essere contenti di noi. A lungo andare naturalmente questa condizione non persiste, tuttavia nel profondo del nostro animo non aspiriamo ad altro che a sentirci crescere e maturare secondo natura. Solo allora si è in armonia con il mondo; e se è anche vero che tale esperienza accade raramente a uno come noi, tuttavia proprio in quel caso è tanto più profonda.

Dove si crea un'opera, dove si continua un sogno, si pianta un albero, si partorisce un bimbo, là opera la vita e si è aperta una breccia nell'oscurità del tempo.

UNA SONATA

La signora Hedwig Dillenius uscì dalla cucina, si tolse il grembiule, si lavò e pettinò e andò poi nel salotto per aspettare il marito.

Osservò due, tre fogli di una cartella di Dürer, giocherellò con una statuetta di porcellana di Copenaghen, ascoltò battere mezzogiorno dalla torre più vicina e aprì infine il pianoforte a coda. Suonò qualche nota, cercando una melodia quasi dimenticata, e stette un poco in ascolto dell'armonico smorzarsi delle corde.

Vibrazioni sottili e sussurranti, che divennero sempre più dolci e irreali, e poi giunsero attimi in cui lei non seppe più se quel paio di note risuonassero ancora o se il sottile stimolo percepito fosse ormai solo ricordo.

Non continuò a suonare, pose le mani in grembo e pensò. Ma non pensava più come un tempo, non più come all'epoca della sua giovinezza a casa, in campagna, non più a piccoli eventi divertenti o commoventi, di cui solo la minima parte era veramente reale e vissuta. Da un po' di tempo pensava ad altro. La realtà stessa si era fatta per lei instabile e incerta. Nei desideri chimerici e un po' indefiniti e nelle emozioni della giovinezza aveva spesso pensato che un giorno si sarebbe sposata e avrebbe avuto un marito, una vita e una casa propria, e da questo cambiamento si era attesa molto. Non solo tenerezza, calore e nuovi sentimenti d'amore, bensì soprattutto una sicurezza, una vita serena, un piacevole senso di protezione dalle tentazioni, dai dubbi e dai desideri impossibili. Per quanto molto avesse amato fantasticare e sognare, la sua aspirazione era pur sempre rivolta a una realtà, a un tranquillo cambiamento per percorsi sicuri.

Ci ripensò. Era andata diversamente da come si era immaginata. Suo marito non era più ciò che era stato per lei durante il fidanzamento, anzi allora lo aveva visto in una luce che ora si era spenta. Aveva creduto che lui le fosse alla pari, persino superiore, che sapesse trattarla ora da amico ora da guida, e adesso le sembrava spesso di averlo sopravvalutato. Era buono, cortese, anche tenero, le accordava libertà e la sollevava da piccole incombenze domestiche. Ma egli era soddisfatto, di lei e della propria esistenza, del lavoro, del cibo, di un po' di divertimento, mentre ella non si accontentava di quella vita. Aveva un folletto dentro di sé che voleva scherzare e ballare, e uno spirito sognatore che voleva scrivere favole, e un continuo desiderio di associare la piccola vita quotidiana alla vita grandiosa e magnifica che risonava nelle canzoni e nei dipinti, nei bei libri e nelle tempeste dei boschi e del mare. Non era contenta che un fiore dovesse essere solo un fiore e una passeggiata solo una passeggiata. Un fiore doveva essere un elfo, uno spirito bello sotto bella forma e una passeggiata non solo un piccolo e doveroso esercizio fisico e una ricreazione, bensì un viaggio ricco di presagi verso l'ignoto, una visita al vento e al ruscello, un colloquio con le cose mute. E se aveva sentito un bel concerto, restava ancora a lungo in un misterioso mondo spirituale, mentre suo marito gironzolava già da tempo in pantofole, fumava una sigaretta, parlava un poco di musica e desiderava solo andare a letto.

Non raramente era costretta da un po' di tempo a guardarlo stupita e a meravigliarsi che egli fosse così, che non avesse più ali, che sorridesse indulgente quando ella voleva parlargli in tutta spontaneità.

Continuamente giungeva alla decisione di non arrabbiarsi, di essere paziente e buona, di metterlo a proprio agio. Forse era stanco, forse lo angustiavano faccende d'ufficio, che le voleva risparmiare. Era così condiscendente e cordiale, che lei poteva solo ringraziarlo. Ma non era più il suo principe, il suo amico, il suo signore e fratello; lei percorreva di nuovo da sola, senza di lui, tutti gli amati sentieri del ricordo e della fantasia, e i sentieri si erano fatti più cupi, perché in fondo non vi era più un futuro misterioso.

Il campanello suonò, il passo di lui riecheggiò nel

corridoio, la porta si aprì ed egli entrò. Gli andò incontro e ricambiò il bacio.

«Tutto bene, tesoro?»

«Sì, grazie, e tu?»

Poi andarono a tavola.

«Senti, ti va bene che stasera venga Ludwig?» disse lei.

«Se ci tieni, naturalmente.»

«Potrei telefonargli dopo. Sai, faccio fatica ad aspettare ancora.»

«Che cosa?»

«La nuova musica. Mi ha raccontato di recente che ha studiato queste nuove sonate e che ora è in grado di eseguirle. Devono essere così difficili.»

«Ah, già. Del nuovo compositore, vero?»

«Sì, si chiama Reger. Devono essere cose singolari; sono tremendamente emozionata.»

«Sì, certo, le ascolteremo. Ma non sarà un nuovo Mozart.»

«Allora stasera. Devo invitarlo per cena?»

«Come vuoi, piccola mia.»

«Incuriosisce anche te Reger? Ludwig ha parlato di lui in modo così esaltato.»

«Si ascolta sempre volentieri qualcosa di nuovo. Ludwig è forse un pochino troppo entusiasta, non ti sembra? Ma in fondo egli deve per forza capirne più di me di musica, visto che suona il piano per metà della giornata.»

Al momento del caffè Hedwig gli raccontò le storie di due fringuelli, che quel giorno aveva visto ai giardini. Egli ascoltò con benevolenza e rise.

«Che idee ti vengono! Avresti potuto fare la scrittrice!»

Poi se ne andò al lavoro, ed ella lo seguì con lo sguardo dalla finestra, perché a lui faceva piacere. Subito dopo anch'essa si mise al lavoro. Registrò l'ultima settimana nel libriccino delle spese, riordinò la camera del marito, pulì le foglie delle piante e mise infine mano al lavoro di cucito, finché non fu tempo di occuparsi di nuovo della cucina.

Verso le otto venne il marito e subito dopo Ludwig, suo fratello. Egli diede la mano alla sorella, salutò il cognato e prese poi di nuovo le mani di Hedwig.

Durante la cena fratello e sorella si intrattennero in modo animato e divertito. Di quando in quando il marito interveniva con qualche parola e scherzava facendo la parte del geloso. Ludwig lo assecondava, ma ella non disse niente, e si fece pensierosa. Sentì che veramente fra loro tre era il marito l'estraneo. Ludwig faceva parte di lei, aveva lo stesso comportamento, lo stesso spirito, gli stessi ricordi; parlava la stessa lingua, capiva e ribatteva a ogni piccolo scherzo. Quando era presente la circondava un'aria familiare, era di nuovo tutto come prima, era di nuovo autentico e vivo tutto ciò che lei portava in sé dalle sue origini e ciò che veniva benevolmente tollerato dal marito, ma non corrisposto e forse nemmeno compreso.

Rimasero a sedere sorseggiando vino rosso finché Hedwig non ricordò l'impegno di suonare. Si spostarono allora nel salotto; Hedwig aprì il pianoforte a coda e accese le luci, il fratello mise da parte la sigaretta e aprì lo spartito, Dillenius si allungò su una bassa poltrona con i braccioli e pose accanto a sé il tavolino da fumo. Hedwig prese posto in disparte vicino alla finestra.

Ludwig disse due parole sul nuovo musicista e la sua sonata. Poi per un momento ci fu completo silenzio ed egli incominciò a suonare.

Hedwig ascoltò attentamente le prime note, la musica la toccava in modo sconosciuto e strano. Il suo sguardo era fisso su Ludwig, i cui capelli scuri brillavano a tratti alla luce della candela. Ma presto ella avvertì nell'insolita musica uno spirito forte e grandioso che la trascinava e le dava le ali per poter comprendere e vivere l'opera al di là di ostacoli e passaggi incomprensibili.

Ludwig suonò, ed ella vide ondeggiare in ampie cadenze una vasta e oscura distesa d'acqua. Uno stormo di grandi, imponenti uccelli, dall'aspetto primordiale e sinistro, si avvicinò con fragorosi battiti d'ala. La tempesta risuonava cupa e gettava a tratti nell'aria spumeggianti creste d'onda, che si polverizzavano in una miriade di piccole perle. Nel fragore delle onde, del vento e delle grandi ali d'uccello traspariva qualcosa di misterioso, vi risonava ora con forte pathos ora con voce delicata di bimbo un lied, un'intima e gentile melodia.

Solcavano l'aria nuvole nere e sfilacciate, tra cui di tanto in tanto comparivano meravigliosi squarci poi riassorbiti da profondi cieli dorati. Mostri marini di terribile forma cavalcavano sulle grandi onde, mentre su quelle piccole puttini dalle membra buffamente grasse e dagli occhi infantili davano luogo a teneri e commoventi girotondi. E una crescente e insinuante magia sostituiva all'orrido il soave, e l'immagine si trasformava in un regno etereo che si librava a mezz'aria, non più schiavo della gravità. Emanando una luce quasi lunare vi danzavano in girotondo elfi gentili e leggeri, che cantavano con voci pure, cristalline e immateriali melodie soavemente lievi e gioiose.

Dopo però fu come se non fossero più i celestiali elfi della luce che nel bianco chiarore cantavano e si libravano, bensì un uomo, che racconta o sogna di loro. Una goccia carica di nostalgia e di uno sconfinato dolore passò rapida per il mondo trasfigurato dall'appagata bellezza, al posto del paradiso comparve il sogno umano del paradiso, non meno splendente e bello, ma accompagnato da accenti di sconsolata nostalgia. Così dalla gioia infantile nasce il piacere dell'uomo: il riso senza rughe è sparito, ma l'aria si è fatta più interiore e dolorosamente dolce.

Lentamente si dissolsero i leggiadri canti degli elfi nel fragore del mare, che di nuovo si gonfiò possente. Strepito di battaglia, passione e impeto vitale. E con il fluire di un'ultima grande onda la melodia giunse a termine. Nel pianoforte la marea riecheggiò in una sommessa risonanza che lentamente si smorzò, si esaurì, per lasciare infine posto a un profondo silenzio. Ludwig rimase chino in ascolto, Hedwig aveva chiuso gli occhi e si appoggiava come dormiente alla sedia.

Infine Dillenius si alzò, tornò nella sala da pranzo e portò al cognato un bicchiere di vino.

Ludwig si alzò, ringraziò e bevve un sorso.

«Allora, cognato» disse «che ne pensi?»

«Della musica? Sì, era interessante e tu ancora una volta hai suonato magnificamente. Devi di certo esercitarti molto.»

«E la sonata?»

«Vedi, è una questione di gusti. Io non sono contrario in assoluto a tutto ciò che è nuovo, ma questo è per me troppo "originale". A me piace ancora Wagner...»

Ludwig volle rispondere. Ma la sorella gli si era avvicinata e gli aveva messo la mano sul braccio.

«Vuoi lasciar perdere, per favore? È veramente una questione di gusti.»

«Non è vero?» disse contento il marito. «Perché litigare? Un sigaro, cognato?»

Un po' sorpreso, Ludwig guardò in viso la sorella. Allora capì che era presa dalla musica e che avrebbe sofferto, se ne avessero parlato ancora. Ma nello stesso tempo notò per la prima volta che ella riteneva di dover risparmiare il marito, perché a lui mancava qualcosa che per lei era necessaria e innata. E poiché sembrava triste, le disse di nascosto, prima di andarsene: «Hede, che cos'hai?».

Ella scosse il capo.

«Devi suonare presto questo pezzo per me sola. Vuoi?» Poi si fece di nuovo allegra, e dopo un po' Ludwig se ne andò a casa tranquillizzato.

Però quella notte non riuscì a dormire. Si rendeva conto che il marito non era in grado di capirla, e sperò di riuscire a sopportarlo. Ma sentiva di continuo la domanda di Ludwig: «Hede, che cos'hai?» e pensò che aveva dovuto rispondergli con una bugia, per la prima volta con una bugia.

E ora le parve di aver perduto del tutto le sue radici e la libertà meravigliosa della sua giovinezza, e tutte le innocue e dolci gioie del paradiso.

VALZER BRILLANTE

Un valzer di Chopin riempie la sala,
una danza selvaggia e scatenata.
Alle finestre pallido chiarore,
il pianoforte adorna un'appassita ghirlanda.

Il piano tu, il violino io,
così suoniamo e non smettiamo
e attendiamo inquieti, tu e io,
chi per primo spezza la magia.

Chi per primo interrompe il ritmo
e scosta da sé le candele,
e chi per primo pone la domanda,
a cui non vi è risposta.

Credo che, nella vita, sia possibile segnare una esatta
linea di confine tra gioventù e vecchiezza. La gioventù cessa
insieme con l'egoismo, la vecchiezza ha inizio con la vita
vissuta per gli altri. Intendo dire questo: i giovani traggono
molto godimento e molta sofferenza dalla propria vita
perché la vivono soltanto per sé soli. Ogni desiderio e ogni
idea, in tal caso, è importante, si gusta ogni gioia ma anche
ogni sofferenza, e più d'un giovane che veda irrealizzabili i
propri desideri getta subito via tutta quanta la vita. Si tratta
di un atto giovanile. Per la maggior parte delle persone,
però, arriva un periodo in cui le cose cambiano, in cui essi
vivono maggiormente per gli altri, non certo per virtù ma
proprio come atto spontaneo e naturale. Per i più, è effetto
della famiglia. Si pensa meno a se stessi e ai propri desideri,
quando si hanno figli. Altri perdono l'egoismo per amor di
una carica, per amor di politica, per l'arte o per la scienza.
La gioventù vuole giocare, l'età adulta lavorare. Nessuno si
sposa per avere figli, ma quando li ha, essi lo trasformano, e

alla fine egli riconosce che tutto in fondo è stato per loro. Questo avviene perché la giovinezza parla, è vero, volentieri della morte, ma non vi pensa mai. Negli anziani, la cosa è inversa. I giovani credono di vivere eternamente e possono, quindi, fare di se stessi il centro di ogni desiderio e riflessione. Gli anziani si sono già accorti che da qualche parte esiste una fine e che tutto quello che si sa e che si fa soltanto per sé, alla fine va a cadere dentro una fossa e resta vano. [...] Si è più soddisfatti quando si vive per altri, anziché quando si vive per sé soli. Senonché, gli anziani non dovrebbero considerarlo troppo un eroismo, mentre poi non lo è. Inoltre, è dai giovani più ardenti che vengono fuori gli anziani migliori, e non da coloro che già nella scuola si comportano da nonni.

Da giovane sarei stato senz'altro favorevole a un matrimonio non benedetto dalla chiesa né ufficialmente sancito; mi sarebbe parso più giusto affidare la vita coniugale alla coscienza dell'individuo. Ma con gli anni ho visto che non tutti gli uomini hanno una coscienza (o la voglia di farne uso). E poiché la vita in comune degli innamorati non riguarda soltanto loro, e gli errori e i peccati commessi sono scontati non solo da loro, ma ci sono anche i figli, che in determinati casi hanno bisogno di una protezione migliore di quanto possa offrire la coscienza del genitore, riconosco che è meglio non lasciare unicamente agli stati d'animo della coppia il contrarre o sciogliere matrimoni.

SULL'ANIMA

Impuro e deformante è lo sguardo della volontà. Solo quando non desideriamo niente, solo quando il nostro guardare diventa mera contemplazione, si schiude l'anima delle cose, la bellezza. Se osservo un bosco che intendo comperare, affittare, ipotecare, dove voglio tagliare legna o andare a caccia, io non vedo il bosco, bensì soltanto i suoi legami con le mie intenzioni, i miei progetti e preoccupazioni, il mio portafoglio. Allora esso è fatto di legno, è giovane o vecchio, malato o sano. Se però non voglio niente da lui, guardo «senz'altri fini» nella sua verde profondità, ecco che è soltanto bosco, è natura e creatura vegetale, è bello.

Così succede anche con gli uomini e con il loro aspetto. L'uomo che guardo con timore, con speranza, con desiderio, con precise intenzioni e richieste non è un uomo, bensì soltanto un torbido specchio della mia volontà. Consapevolmente o meno, io lo guardo e mi pongo domande che sono solo grette e mistificanti: È disponibile o superbo? Mi stima? Gli si può chiedere del denaro? Capisce qualcosa d'arte? Con mille domande del genere osserviamo la maggior parte delle persone con cui abbiamo a che fare, e passiamo per psicologi e conoscitori dell'animo umano quando nella loro personalità, nel loro aspetto e nel loro comportamento riusciamo a individuare ciò che serve o si oppone alle nostre intenzioni. Ma tale atteggiamento è ben meschino, e in questo genere di psicologia il contadino, il venditore ambulante, l'avvocato da quattro soldi sono superiori alla maggior parte dei politici e dei dotti.

Nel momento in cui si placa la volontà e si instaura la contemplazione, il puro osservare e abbandonarsi, tutto cambia. L'uomo non è più utile o pericoloso, interessante o noioso, gentile o rozzo, forte o debole. Diventa natura, diventa bello e singolare come tutto ciò su cui si rivolge la contemplazione pura. Perché la contemplazione non è né studio, né critica, è soltanto amore. È la condizione della nostra anima più elevata e più desiderabile: amore senza cupidigia.

Se riusciamo a raggiungere questo stato, anche solo per pochi minuti, ore o giorni (preservarlo per sempre sarebbe la perfetta beatitudine), gli uomini ci appaiono diversi dal solito. Non più specchi o caricature della nostra volontà, ma natura. Bello e brutto, vecchio e giovane, buono e cattivo, aperto e chiuso, duro e tenero non sono più opposti, non sono più criteri di giudizio. Tutti sono belli, tutti meritano attenzione, nessuno più può essere disprezzato, odiato o frainteso.

Come, dal punto di vista della muta contemplazione, tutta la natura non è altro che forma cangiante della vita immortale ed eterna generatrice, così ruolo e compito particolari dell'uomo sono di rappresentare l'anima. Inutile dibattere se l'anima sia insita nell'uomo, o se si trovi anche nell'animale e nella pianta! L'anima è certamente ovunque, è ovunque possibile e disponibile, ovunque intuita e voluta. Ma come percepiamo non la pietra, bensì l'animale quale veicolo ed espressione del movimento (benché anche nella pietra vi sia movimento, vita, costruzione, decadimento e vibrazione), così soprattutto nell'uomo cerchiamo l'anima. La cerchiamo là dove è presente, soffre e agisce nel modo più manifesto. E l'uomo ci appare come l'elemento del cosmo, come la provincia speciale il cui compito presente è di sviluppare l'anima – come un tempo era stato suo scopo diventare bipede, spogliarsi del vello, inventare utensili e procurarsi il fuoco.

Così l'intera umanità diventa una rappresentazione dell'anima. Come nella montagna e nella roccia vedo e amo le forze elementari della gravità, nell'animale la mobilità e la tensione verso la libertà, così nell'uomo (che rappresenta anche tutto questo) vedo soprattutto quella forma e quella possibilità di espressione della vita, che chiamiamo «anima» e che per noi uomini non sembra essere soltanto una qualsiasi irradiazione della vita fra mille altre, bensì un'entità speciale, eletta, estremamente evoluta, una meta finale. Non ha dunque importanza essere materialisti o idealisti o altro, immaginare l'anima come qualcosa di divino o come materia destinata alle ceneri – tutti noi la conosciamo e le attribuiamo grande valore; per ognuno di noi essa è lo sguardo espressivo dell'uomo, è arte; la sua struttura è lo stadio più elevato, più evoluto e prezioso dell'intera vita organica.

Il nostro simile diventa così l'oggetto più nobile, più eletto e più degno di contemplazione. Non tutti sanno fare questa semplice valutazione in modo libero e spontaneo – lo so per esperienza diretta. In gioventù sono stato più strettamente e intimamente legato a paesaggi e opere d'arte che all'essere umano; anzi, ho sognato per anni una poesia in cui fossero presenti solo aria, terra, acqua, alberi, montagne e animali, e mai l'uomo. Lo vedevo così sviato dal corso tracciato dall'anima, così dominato dalla volontà, così rozzo e scatenato nel perseguimento di finalità animalesche, scimmiesche, primitive, così avido di stupidaggini e di nullità, che per un certo periodo mi dominò l'errore peggiore: che forse l'uomo, come via d'accesso all'anima, fosse già stato ripudiato e stesse regredendo, e quella sorgente dovesse cercare altrove nella natura la propria via.

Se oggi si osserva come si comportano tra loro due uomini qualunque, che per caso fanno conoscenza e non desiderano effettivamente niente di materiale l'uno dall'altro, si avverte in maniera quasi tangibile come ognuno di essi sia oppresso da un'atmosfera di coercizione, da una crosta protettiva, da una membrana difensiva; da una rete tessuta unicamente con rimozioni dell'elemento spirituale, con intenzioni, paure e desideri tutti orientati verso mete secondarie, che separano il singolo da tutti gli altri. È come se all'anima non fosse nemmeno lecito avere la parola, come se fosse necessario proteggerla con alti steccati, gli steccati della paura e della vergogna. Solo l'amore disinteressato può spezzare questa rete. E ovunque si apre un varco, là c'è l'anima che ci guarda.

Siedo in treno e osservo due giovanotti che si salutano perché il caso li ha avvicinati per un'ora. Il loro saluto è estremamente singolare, quasi tragico: queste due brave persone sembrano salutarsi da distanze siderali, da poli gelidi e disabitati – non penso naturalmente a malesi o cinesi, bensì a europei di oggi –, essi paiono abitare, ognuno per sé, in una fortezza di altezzosità, di minacciata superbia, di diffidenza e di insensibilità. Ciò che dicono, considerato dall'esterno, è del tutto assurdo, è lo schizzo consunto di un mondo senz'anima, da cui di continuo sconfiniamo e i cui limiti ghiacciati incombono costantemente su di noi. Rari, molto rari sono gli uomini la cui anima si esprime già nei discorsi quotidiani. Sono più che poeti, sono già quasi santi. Certamente anche il «popolo» ha un'anima; il malese e il negro mostrano nel saluto e nel modo di rivolgersi la parola più anima del nostro uomo medio. Ma tale anima non è quella che noi cerchiamo e desideriamo, anche se ci è cara e affine. L'anima del primitivo, che ancora non conosce alienazione e pena per un mondo meccanizzato e senza Dio, è un'anima collettiva, semplice, infantile, qualcosa di bello e di squisito, ma non è la nostra meta. I nostri due giovani europei in treno sono già oltre. Rivelano poca anima o niente affatto, sembrano consistere di volontà organizzata, di intelletto, di propositi e progetti. Hanno perso la loro anima nel mondo del denaro, delle macchine, della diffidenza. Devono ritrovarla, e se trascureranno questo compito, si rovineranno e soffriranno. Ma ciò che poi riavranno, non sarà più la perduta anima infantile, bensì un'anima assai più sensibile, personale, libera e capace di responsabilità. Non dobbiamo tornare bambini o primitivi, bensì procedere in avanti verso la personalità, la responsabilità, la libertà.

Di queste mete e di una loro vaga percezione non vi è qui ancora alcun segno. I due giovani non sono né primitivi, né santi. Parlano il linguaggio di tutti i giorni, un linguaggio tanto poco idoneo alle finalità dell'anima quanto la pelle di gorilla, che solo lentamente e dopo svariati tentativi siamo riusciti a toglierci.

Questo linguaggio primitivo, rozzo e balbettante suona press'a poco così:

«Giorno» dice l'uno.

«Giorno» risponde l'altro.

«Permette?» chiede l'uno.

«Prego» fa l'altro.

Con ciò viene detto ciò che doveva essere detto. Le parole non hanno significato, sono pure forme ornamentali dell'uomo primitivo, il loro scopo e valore sono identici a quelli dell'anello che un negro si infila nel naso.

Quanto mai singolare è però il tono in cui vengono recitate le parole di rito. Sono parole di cortesia. Ma il loro tono è stranamente conciso, rapido, secco, distaccato, per non dire malevolo. Non vi è motivo di dissidio, al contrario, e nessuno dei due ha intenzioni cattive. Ma l'espressione e il tono sono freddi, misurati, bruschi, quasi offesi. Nel dire «prego» il biondo alza le sopracciglia con un'espressione che rasenta il disprezzo. Ma non è questo ciò che prova. Egli fa uso di una formula che nel corso di decenni di relazioni umane senz'anima si è sviluppata in una forma di protezione...

Durante un'ora di viaggio in treno hai così osservato due giovanotti, in un certo senso persone di media cultura dei nostri tempi. Si sono scambiati parole, saluti, idee, hanno annuito e scosso la testa, hanno fatto mille piccole cose, compiuto atti, eseguito movimenti, ma in niente di tutto questo la loro anima era partecipe, in nessuna parola, in nessuno sguardo: tutto era travestimento, tutto era meccanico...

Povera, splendida anima, dove sei tu là vi è rivoluzione, vi è rottura con ciò che è corrotto, vi è nuova vita, vi è Dio. Anima significa amore, anima significa futuro, e tutto il resto è solo oggetto, solo materia, solo impedimento a esercitare la nostra forza divina nel plasmare e nel trasgredire.

Altri pensieri incalzano: non viviamo forse in un tempo in cui il nuovo si annuncia in modo chiassoso, dove i legami dell'umanità vengono sconvolti, dove la violenza assume proporzioni mostruose, la morte imperversa e urla la disperazione? E non vi è forse l'anima anche dietro questi eventi?

Interroga la tua anima! Chiedile che senso ha il futuro, che cosa si chiama amore! Non porre domande al tuo intelletto, non cercare a ritroso nella storia del mondo! La tua anima non ti accuserà di esserti occupato troppo poco di politica, di aver lavorato troppo poco, di non aver odiato abbastanza i nemici e rafforzato quanto occorre i confini. Ma forse ti accuserà di aver avuto troppo spesso paura delle sue richieste e di essere sfuggito, di non aver mai avuto tempo per dedicarti a lei, la tua creatura più giovane e bella, per giocare con lei, per ascoltare il suo canto; ti incolperà di averla spesso venduta per denaro e di averla tradita per tornaconto. E così è successo milioni di volte, e dovunque si posi lo sguardo, si vedono uomini dall'espressione irritata, imbronciata, cupa, quasi non avessero tempo che per le cose più futili, per la Borsa e per la casa di cura. Questo stato spaventoso altro non è che un sintomo doloroso, un monito che abbiamo nel sangue. Sarai nervoso e ostile alla vita – così dice la tua anima – se mi trascuri, e così rimarrai e così morirai, se non ti volgi a me con nuovo amore e cura. E non sono affatto i deboli, gli improduttivi quelli che ora deperiscono e perdono la capacità di vivere felici. Sono piuttosto i buoni, il germe del futuro; sono coloro la cui anima insoddisfatta rifugge ancora soltanto per timidezza dal combattere contro un falso ordine del mondo, ma che forse domani faranno sul serio.

Vista da quest'ottica, l'Europa pare una dormiente, che nell'incubo mena colpi a destra e a manca e ferisce se stessa.

Ecco, ora ricordi che un professore una volta ti disse qualcosa di simile, che il mondo soffre di materialismo e di intellettualismo. Egli ha ragione, ma non potrà essere il tuo medico, né il medico di se stesso. In lui l'intelligenza continua a parlare fino all'autodistruzione. Egli perirà.

Vada pure come vuole il corso del mondo un medico, un aiuto, un futuro e nuovi impulsi tu li troverai sempre e soltanto in te stesso, nella tua povera, bistrattata, sempre disponibile e indistruttibile anima. In essa non vi è conoscenza, giudizio, programma; vi è solo stimolo, solo futuro, solo sentimento. Lei hanno seguito i grandi santi e i predicatori, gli eroi e i martiri, i grandi condottieri e i conquistatori, i maghi e gli artisti; essi hanno iniziato il cammino nella quotidianità per concluderlo nella beatitudine. Il percorso del milionario è diverso, e termina in una casa di cura.

Anche le formiche combattono le guerre, anche le api sono organizzate in stati e anche i roditori accumulano risorse. La tua anima cerca altre vie, e quando non vi riesce, quando i successi che tu ottieni avvengono a sue spese, la felicità non ti arride. Perché solo l'anima può provare «felicità», non l'intelletto, né lo stomaco, né la testa o il portafoglio.

Nel frattempo, visto che su questo argomento non possiamo soffermarci più a lungo, citeremo una frase che ha già espresso in modo compiuto questo genere di pensieri. Fu pronunciata molto tempo fa e appartiene alle poche frasi eternamente nuove: «Che ti gioverebbe conquistare il mondo intero se però compromettessi la salute della tua anima?».

BHAGAVAD GITA

Di nuovo giacqui insonne ora dopo ora,
l'anima colma e ferita da un dolore incontenibile.

Fuoco e morte vidi divampare sulla terra,
a migliaia soffrire, morire e marcire senza colpa.

E io abiurai in cuor mio la guerra
come il Dio cieco di insensate pene

Vedi, allora mi risonò
nell'ora di cupa solitudine il ricordo,

e mi parlò il versetto di pace
di un antichissimo libro indiano degli dei:

«Guerra e pace, sono entrambe uguali,
perché nessuna morte sfiora dello spirito il regno.

Sia che s'alzi la coppa della pace sia che si infranga,
inalterato rimane il dolore del mondo.

Per questo combatti e non restare muto:
che tu smuova forze è volontà di Dio!

Ma porti pure la tua lotta a mille vittorie,
intatto continua a battere il cuore del mondo.»

È un peccato che la maggioranza degli uomini finché è vigorosa e giovane vagheggi la forza, e trovi piacere nella non violenza quando è ormai stanca.

Oggi parlino pure i cannoni, domani o dopodomani lo spirito dei popoli dovrà di nuovo esprimersi con linguaggi più cauti e complessi, e ovunque cercherà per sé il terreno dell'innocenza, della fiducia e della speranza, anche là dove questo terreno fermenta ancora ed è terra incerta e inesplorata.

Mi sono fatto crescere... una scorza – sebbene sia sempre incerto della mia vita privata e della mia situazione – che mi avvolge come vetro, e che a dire il vero di niente altro è composta, se non della fiducia che anche le crisi e i

dolori siano funzioni positive, e che il luogo in cui mi vedo
posto sia da intendere come missione e sorte.

IO SO DI CERTI CHE...

In alcune anime dimora così nel profondo la fanciullez-
che non ne spezzano mai del tutto l'incanto;   [za,
vivono in una cecità piena di sogni
e non imparano mai a parlare il linguaggio del giorno.

Guai a loro quando una sciagura li spaventa
e d'improvviso alla realtà in pieno li desta!
Cacciati dal sogno e dalla infantile fiducia
fissano inermi l'orrore della vita.

Io so di certi che la guerra svegliò solo
quando erano ormai a metà dell'esistenza,
e che da allora come sonnambuli di colpo destati
sopportano la vita tremanti e impauriti.

Pare che rabbrividendo di vergogna,
cerchi l'umanità in questi esseri senza speranza
coscienza delle proprie terre insanguinate,
della propria crudeltà e assenza d'anima.

ALLA MEMORIA DI MIO PADRE

Mi trovavo in una grande stazione, allo sportello dei
bagagli; il mio treno doveva partire dopo pochi minuti. Era
di sera, all'imbrunire, e incominciavano già ad accendersi i
lumi. Mancavo da casa dal mattino; mi ero fermato in
quella località un paio d'ore e vi avevo cercato inutilmente

un amico. Poi mi ero recato nello studio di un artista mio conoscente e avevo trascorso lì il mio tempo tra i quadri e i modelli di creta, inquieto nel mio intimo perché a casa c'era molto lavoro incompiuto, e appunto per quel lavoro avrei dovuto il giorno seguente e quello successivo tenere conferenze in due luoghi diversi.

Era un impegno senza dubbio lodevole: si trattava di aiutare le povere vittime della guerra, i senza patria incolpevoli, i prigionieri in territorio nemico. Ma – mi pareva a volte, e lo pensavo anche in quel momento – tutta quella sollecitudine, tutta la solerzia del nostro agire buono e benefico, non era forse un po' falsa, un po' febbrile nel ritmo, contagiata dal fatale spirito del tempo estraneo alla nostra anima, quello spirito che si sfogava proprio allora, nella grande guerra, in maniera così spaventosa e sconfortante? Forse che da mesi, cento volte nei momenti di debolezza, tutto il mio essere angustiato e nostalgico non si rifugiava nell'antico sacro lamento: O mondo, lasciami in pace?

Mi feci dare dall'impiegato la mia valigia e stavo per portarla al treno, che illuminato e sbuffante era già in stazione, quando qualcuno mi batté sulla spalla: quel mio caro amico che non avevo trovato in città mi stava davanti e mi guardava in faccia.

«Fermati» mi disse amichevolmente «resta con me, stasera! Non devi partire proprio oggi!»

E poiché io sorrisi in fretta e feci un gesto di diniego, mi disse piano: «Ho una notizia per te, mi hanno telegrafato».

«Che c'è?» chiesi io, sempre ancora senza un presentimento.

Allora mi prese la valigia e disse: «Non è una buona notizia. Tuo padre è morto improvvisamente».

Un quarto d'ora più tardi ero in treno, ma non in quello progettato, bensì in un altro che doveva giungere quella notte stessa nel luogo in cui risiedo. Non avevo avuto un attimo di tregua, non avevo fatto altro che scrivere telegrammi urgenti e cercare treni. Ora stavo andando a casa, ma non, secondo l'impulso del cuore, da mio padre morto, bensì lontano da lui, in direzione opposta, a casa mia. Perché non potevo partire per la Germania senz'essermi prima procurato a casa un nuovo passaporto. C'era la guerra, non era permesso avere faccende private, o soffrire un dolore, non si poteva fare ciò ch'era naturale e giusto, no, bisognava mettersi in fila, occuparsi di timbri, farsi fotografare, firmare moduli e dare a degli impiegati informazioni che non interessavano nessuno. Bene, in tutto ciò non vi era niente di nuovo, per me. Ma con tutti questi pensieri, non riuscii a trovar pace neppure durante quel lungo percorso in treno. Veramente faceva male! E mille volte, al ritmo infernale delle ruote, continuavano a risuonarmi sorde e desolate all'orecchio le parole: «Tuo padre è morto, ora non hai più padre!».

Ma le accompagnavano molte altre voci: Troverò ancora qualcuno a casa? Otterrò abbastanza in fretta il passaporto? Che faranno le mie sorelle? E mio fratello? Poi di colpo mi venne in mente: debbo pure procurarmi un abito nero! E in mezzo a tutto questo mi tormentavano profonda vergogna e pena di non poter offrire il cuore silenzioso e raccolto a mio padre, che la mia mente confusa e turbata fosse divisa fra tanti pensieri, che ancora potessero trovar posto in me cento piccole stupide preoccupazioni.

A tratti si faceva strada, opprimente, una vaga coscienza della mia perdita, mi toglieva il respiro, mi faceva male alla testa, dietro gli occhi. Allora tentavo di concentrarmi e di ricreare in me in raccoglimento l'immagine dello scomparso, ma essa non era mai del tutto chiara e veritiera. L'unico sentimento positivo che a intervalli viveva in me puro e consolatore era questo: «Egli ora sta bene, è in pace, è là dove desiderava andare». Poi mi vennero in mente i periodi di tempo in cui lo avevo conosciuto infermo e tormentato da dolori senza fine, e improvvisamente vidi la sua figura chiara e nettissima, coi suoi cari gesti rivelatori di una sofferenza che stringeva il cuore, quando con un profondo sospiro si lisciava indietro coi palmi aperti i lunghi capelli scostandoli dalle tempie, mentre il suo sguardo posava silenzioso e triste su di me come venisse da una ignota lontananza. Ora finalmente lo sentivo di nuovo in me chiaro e distinto, e mi disse: «Non lo hanno mai capito, nessuno, neppure i suoi amici. Io soltanto lo comprendo a fondo perché sono come lui, solo e non compreso da nessuno».

Giunsi di notte a destinazione, salii sul tram, vi vidi dei conoscenti seduti a chiacchierare, volsi loro la schiena guardai oltre i vetri; vedevo le note strade e i ponti notturni con occhi straniti, come se viaggiassi stanco per luoghi ignoti. Mia moglie mi venne incontro alla periferia della città e insieme andammo per i campi bui a casa nostra che avevo lasciato appena quel mattino.

Sul mio tavolo c'erano delle lettere, e sopra queste il telegramma; lo lessi e dovetti sorridere. «Mancato subitaneamente», c'era scritto, espressione bella e delicata, che ben si addiceva allo scomparso! Questa era proprio la sua maniera, lo comprendevo così bene! E sentii come un piccolo trionfo che egli fosse riuscito a eluderci tutti, così inosservato, alla chetichella. Come un uccello, un uccello di bosco prigioniero, quando trova la finestra aperta e nella stanza non c'è nessuno.

Solo a tarda notte, a letto, avvertii la scossa alle radici, in quella misteriosa profondità dell'essere, sentii la triste bellezza e irrevocabilità di tutto e potei piangere.

L'indomani dovetti darmi da fare per il passaporto fino a mezzogiorno. Tutto s'impelagava e si appiccicava come in un sogno angoscioso, mancava sempre qualche piccolezza, dappertutto bisognava aspettare ancora un quarto d'ora; il mio unico treno era già partito da un pezzo e io continuavo ad aggirarmi col capo stanco e le mani fredde per gli uffici, infelice e ossessionato da quel mondo spaventoso di sedie dipinte di giallo e di prescrizioni e comunicazioni affisse al le pareti. Questo strano mondo crudele, strano maledetto e inadeguato mondo in cui da Ponzio Pilato in poi la vita è derubata di ogni verità e l'anima della sua sostanza, mi avvolgeva fantasticamente con la sua realtà prosaica privandomi un'altra volta del mio dolore e della mia esaltazione. Solo ogni tanto le scialbe pareti di questo mondo inane sparivano per un momento, e al di là di una enorme distanza e di un gran vuoto vedevo giacere nel sudario dei morti una figura silenziosa che mi aspettava. Poi dovetti ancora dare informazioni e scrivere il mio nome su documenti; ed eccomi finalmente, stordito, per la strada: saltai in una carrozza e tornai a casa, dove trovai la tavola pronta e la valigia preparata. Telefonai a lungo, mangiai in fretta qualcosa, e infilati dei libri nelle tasche corsi alla stazione.

Non potevo più arrivare in giornata da mio padre, ma volevo spingermi il più oltre possibile. Prima di partire vidi ancora tornare da scuola i miei figli.

Poi mi trovai in treno a viaggiare ore e ore sullo stesso percorso che avevo compiuto il giorno innanzi, al mattino in una direzione e alla sera nell'altra; e all'imbrunîre transitai anche per la città, anzi proprio vicino alla sala in cui appunto quella sera avrei dovuto parlare. Sul far della notte mi apparve il lago di Costanza, sul quale stava ancor passando un battello, e alla luce delle lanterne del porto rividi il suolo tedesco. Anni e anni della mia vita si erano specchiati in quel paesaggio: il pesce che mangiai e il vino che bevvi riportarono improvvisamente alla luce cento immagini svanite. Ancora una passeggiata nel vento della notte attraverso Friedrichshafen addormentata e un tratto sul lungolago, poi mi addormentai profondamente fino all'alba del giorno successivo.

Quando al mattino seguente mi trovai sul treno che doveva portarmi nella mia patria di un tempo, sentii ben chiaro come il feretro di mio padre mi attirava a sé attraverso i mutevoli paesaggi; e non richiamava me solo, bensì, in altri treni e carrozze, attraverso regioni diverse, tirava a sé anche fratelli e sorelle: a ognuno era morto il padre, ognuno, in qualche particolare tratto della sua natura, lo aveva interamente (e forse lui solo) capito e conosciuto.

Ed ecco altri paesaggi e città appartenenti alla mia terra natia, dove avevo frequentato scuole e, prima ragazzo e poi giovanotto, ero andato in gita sulle montagne boscose. Tutto ciò oggi aveva perso il suo splendore, e la mia vita, volgendomi indietro a considerarla, non mi appariva più come una valle capricciosamente sinuosa, bensì come un'unica cruda linea retta di inesorabile necessità che partiva da mio padre e a lui ritornava.

Ripensai all'incomprensione in mezzo alla quale mio padre aveva trascorso gran parte della sua penosa esistenza, pur avendo avuto in sorte il dono meraviglioso di mostrare agli altri, per regalarlo generosamente, proprio ciò che nella sua natura c'era di lieve luminoso e chiaro. Strano, nella vita di quest'uomo sempre sofferente, ipersensibile e afflitto da tanti dolori, splendeva una singolare festosità, un'aristocratica luce di gentilezza e di cavalleria. Non era la letizia delle nature sane e ingenue che lo rendeva grato e aperto a ogni piacevolezza. La sua riconoscenza, la sua serenità erano quelle di chi soffrendo ha imparato negli anni difficili a lasciare una porta accuratamente aperta ai raggi del sole, alle piccole consolazioni della vita.

Mi ricordai dell'ultima visita che gli avevo fatto e di come subito dopo i saluti il nostro colloquio fosse stato pieno di comprensione, di luce e di fiducia reciproca. Conoscendomi presumibilmente molto meglio di quanto io non conoscessi lui, egli avrebbe avuto motivi sufficienti per diffidare di me, o criticarmi, o volermi diverso; pure, sebbene io fossi, in confronto alla sua pietà delicata, un uomo rozzo e materiale, vigilavano sopra di noi come un cielo caldo il sentimento della comunità e la certezza di non poterci perdere; e senza dubbio tolleranza e condiscendenza erano in lui più grandi che non in me. Perché senz'essere un santo egli era della rara stoffa di cui son fatti i santi. Allora, quando ero stato a trovarlo per l'ultima volta nella sua stanzetta tranquilla – che per me era un rifugio e un recesso di quiete lontano dal mondo, ma per lui una prigione tormentosa – egli, da qualche tempo divenuto cieco, mi aveva raccontato di un suo piccolo sistema per aiutarsi a passare le notti insonni. Si richiamava alla memoria belle frasi e proverbi latini in ordine alfabetico, il che, oltre a essere un esercizio mentale, aveva anche il potere di mostrare efficacemente quanto fosse ricco il corredo di nozioni immagazzinato nella memoria. Mi aveva sfidato a partecipare al gioco cominciando dalla lettera A. Io ci avevo messo un bel po' a radunare insieme due o tre sentenze. «Alea iacta est» mi venne in mente per prima, e poi «Ars longa vita brevis». Lui invece, con le palpebre pensierosamente abbassate sugli occhi ciechi, come un rabdomante tirava fuori con cura a una a una le belle frasi rotonde in esatto ordine alfabetico – ricordavo che la sua ultima sentenza era stata «Aut Caesar aut nihil» – e le pronunciava con un senso di affettuoso rispetto per quella bella lingua concisa e armoniosa, con la cauta circospezione di un collezionista che prende in mano i suoi pezzi con dita amorose e gentili.

Ora me lo vedevo di nuovo tutto, l'aristocratico volto sotto i lunghi capelli pettinati all'indietro, l'alta nobile fronte dai bei piani, la curva fonda delle palpebre chiuse sopra gli occhi ciechi; e per la prima volta da che lo sapevo morto sentii raggelante nel più profondo dell'animo la irrevocabilità di tutti quei cari, delicati, preziosi aspetti. Sentii d'un tratto che perdita fosse, non poter mai più avvertire le sue tenere mani che cercavano il mio capo benedicenti, non udire mai più la sua voce. Tra gli scossoni del treno, in piedi vicino al finestrino, per un po' di tempo non sentii altro che il dolore della privazione e insieme una specie di animosità verso tutti gli altri che non erano stati colpiti da quella perdita, che non l'avevano conosciuto e perciò non sapevano quale uomo straordinario fosse vissuto e ora fosse morto in lui.

E subito dopo mi venne in mente qualcosa di molto più brutto, di ancor più terribile – come avevo potuto non pensarci finora! Si trattava dell'ultima mia missiva che forse aveva fatto ancora in tempo a ricevere – una breve cartolina indifferente e frettolosa con cui lo salutavo fuggevolmente, lamentando di non avere per il momento il tempo di scrivere! Oh Dio, che cosa pietosa, orribile, vergognosa, era stato molto peggio che se non avessi scritto affatto! I dispiaceri che gli avevo dato negli anni della mia giovinezza non erano stati nulla al confronto: amari, ma ovvi e necessari. Ma quell'indifferenza, quel perdermi in vuote faccende e impegni vani, per i quali tradivo i primi doveri dell'amore, com'era stato vile e imperdonabile! Il senso della colpa si abbatté su di me come un'ondata nera di melma...

Il treno sostò nella capitale, un amico venne a prendermi e mi accolse in casa sua finché non potei ripartire. Poi il lento trenino locale salì verso i piccoli centri rurali e finalmente si fermò nella stazioncina. Vidi della gente in piedi, tra loro scorsi improvvisamente mio fratello e lo abbracciai, e abbracciai le mie sorelle: eravamo di nuovo l'uno per l'altro, un solo sangue come ai tempi dell'infanzia. La patria perduta dell'età infantile, i ricordi di una innocente vita in comune, i bruni caldi occhi di nostra madre morta da lungo tempo, tutto era lì d'un tratto e dava calore e sicurezza, odorava di terra natia, parlava il dialetto dell'infanzia, fluiva pacificatore nel sangue. Com'è miserabile il nostro andare per strade polverose, mentre potremmo respirare tanto amore! Oh noi miseri! Ma ora tutto era bene, adesso ero tornato a casa.

Un quieto andare attraverso il villaggio e i prati che già sentivano la primavera, con dei resti di neve dappertutto. Com'era indicibilmente bello ch'io fossi venuto, che fossi qui e tenessi il braccio di mia sorella e potessi battere sulle spalle a mio fratello! E com'era triste e meraviglioso salire la collina verso la casa in cui nostro padre giaceva aspettandoci! Rivedere la finestra dalla quale egli aveva salutato i suoi figli a ogni partenza. Salire la scale e accanto alla porta a vetri scorgere il gancio a cui stava sempre appeso il suo cappello floscio. E respirare nell'andito e nell'interno quell'atmosfera di semplice odorosa pulizia, di dolce lindura che lo aveva sempre circondato.

Dapprima si parlò, e le mie sorelle avevano il caffè pronto. Sì, se n'era andato con grande levità e in fretta, scivolando via quasi da monello, senza rumore, senza gesti... Sapevamo che egli, divenuto diffidente per i molti dolori, non era stato senza paura di fronte alla morte che pure desiderava spesso e sinceramente. Ebbene, adesso era finita e non c'era altro da desiderare. Trovai sul tavolo gli annunci mortuari dove pure era indicato il versetto dei Salmi da incidere, secondo la sua volontà, sulla tomba. Chiesi alle mie sorelle come suonasse; sorrisero tutt'e due e dissero: «Il filo è spezzato e l'uccello è volato via!».

Poi piano piano mi appartai, passai di là e aprii la porta della sua stanza. Il freddo della neve si univa all'odore dei fiori entrando per la finestra aperta.

Nostro padre giaceva bianco su un giaciglio di fiori con le mani leggermente sovrapposte. Il suo capo poggiava molto indietro come in un profondo sospiro di sollievo, l'alta fronte potente e regale, gli occhi chiusi in silenzio. E con che intensità il suo volto esprimeva la pace raggiunta! Che senso di quiete, di liberazione e di serenità soddisfatta sui suoi cari lineamenti! Egli, che per tutta la vita era stato perseguitato dai dolori e dalla mancanza di requie al punto di doversi trasformare in un lottatore e in un paladino, sembrava ora quasi stesse ad ascoltare con profonda intima meraviglia l'infinita pace che lo avvolgeva. O padre, padre!

Mentre baciavo piangendo le sue mani e posavo le mie, vive e calde, sulla sua fronte di marmo, mi tornarono alla memoria i tempi della nostra infanzia, quando d'inverno uno di noi rientrava con le mani gelate, ed egli lo pregava di posargliele per un poco sulla fronte, afflitto com'era spesso per tutto il giorno da forti mal di testa. Ora le mie mani calde e irrequiete erano sulla fronte e ne traevano un senso di refrigerio. E tutta la cavalleresca e superiore nobiltà della sua persona gli era impressa chiarissimamente sul volto, come la maestà su una tranquilla cima innevata. O padre, padre!

La sera una delle mie sorelle mi diede un anello nuziale d'oro. Mia madre lo aveva fatto fare intorno al sessanta per il suo primo fidanzato, come diceva il motto inciso nell'interno, e dieci anni dopo lo aveva dato a mio padre al momento del matrimonio.

Voltai il sottile cerchietto d'oro per leggervi l'antica iscrizione, poi me lo infilai al dito. Mi andava bene; quando osservai su di me l'anello che avevo visto migliaia di volte al dito di mio padre e che da ragazzo spesso avevo girato per gioco, lo stava guardando anche la mia maggiore sorella, e vedemmo tutt'e due com'erano simili il mio dito e la mia mano a quelli di lui. La notte mi svegliai due volte per l'impressione di quell'anello, giacché non ne avevo mai portati prima; me ne giacevo là e presentivo come quell'anello fosse solo un tenue simbolo dei cento imprescindibili legami che univano la mia esistenza e il mio destino a mio padre.

Il giorno seguente rimasi di nuovo un po' di tempo solo con lui, e ancora mi parve ch'egli stesse ad ascoltare con intima meraviglia la grande pace e fosse tutt'uno con essa; e ancora rinfrescai la fronte e le mani alla santa sorgente. Tutto il dolore non era niente, in confronto a quella benefica frescura. Se ero un cattivo figlio, così poco degno ancora di quel padre, pure un giorno anche a me sarebbe stata pacificata così l'anima e rinfrescato il polso irrequieto. Se anche non fosse stato possibile trovare altro conforto al soffrire, questo sarebbe pur sempre rimasto: anche la mia fronte sarà un giorno così fredda e la mia mente si dissolverà nell'essenza del tutto.

Solo da quelle belle ore piene d'intimità, ospite nella

chiara e fredda stanzetta di mio padre defunto, la coscienza della morte è diventata per me importante e preziosa. La morte prima d'allora l'avevo poco considerata, mai temuta, spesso ambita con l'impazienza della disperazione. Solo ora ne vedevo tutta la realtà e la grandezza, e comprendevo come essa stia ad aspettarci dall'altra parte come un polo opposto, affinché il nostro destino sia compiuto e il cerchio si chiuda. La mia vita finora era stata un cammino sui cui inizi indugiavo amorosamente col pensiero presso la mamma nell'infanzia; un cammino che avevo percorso ora cantando ora riluttando, che spesso avevo anche maledetto, ma la fine non l'avevo mai avuta chiara davanti agli occhi. Ogni impulso, ogni forza che nutriva la mia esistenza mi era sembrata solo provenire dall'oscuro principio della nascita e dal grembo materno, e la morte mi era parsa solo l'accidente in cui un giorno si sarebbero affievoliti e spenti questa forza, questo slancio istintivo. Ora invece scorgevo in questo «accidente» anche la grandezza e la necessità, sentivo la mia vita legata e fissata ai due estremi, e vedevo chiaramente la strada da percorrere e il compito di andare incontro alla fine come a un completamento, di maturare e di avvicinarmi a essa come alla più grande delle solennità.

Parlammo a lungo, e chi di noi ricordava certi episodi che il babbo aveva raccontato dei suoi anni giovanili cercava di ricostruirli; e intanto leggevamo brani dei suoi appunti. A intervalli uno di noi staccava dalla parete un quadro di famiglia, lo studiava un po', cercava date sul verso. Ogni tanto uno scompariva per andare «di là» un momento a stare un po' col babbo. e poi qualcuno si metteva a piangere. Una delle mie sorelle aveva perduto più di noialtri, per lei la morte di nostro padre rappresentava anche nella vita materiale una svolta decisiva. Intorno a lei ci schierammo tutti per circondarla col nostro amore. Al di là di anni e di decenni di dispersione ci univa con cento cari ricordi di babbo e mamma la comunanza del sangue e dello spirito. Perché una cosa tutti riconoscevamo come essenziale nell'eredità dello scomparso, di cui ora avevamo preso possesso: non era solo il legame del sangue che ci stringeva nel momento dell'angoscia. Era, al di là di quello, l'eredità di una disciplina e di una fede che padre e madre avevano servito e a cui nessuno di noi figli pensava di potersi sottrarre; essa aveva legato interiormente anche me, pur dopo troncati tutti i vincoli del Verbo e della comunità. Ora la sentivamo tutti, quella fede in una predestinazione, in una vocazione e in un dovere. Questa fede che non era possibile esprimere in parole né farne tacere l'impulso con l'azione era a noi tutti comune come il sangue. Anche se ci fossimo perduti di vista avremmo continuato a saperci membri perpetui di un ordine, di una nobiltà segreta dalla quale non si poteva uscire. Perché una simile fede la si può bensì calpestare, ma non mai spegnere.

Ma di ciò non facemmo parola.

Ora tra lui e noi c'era la terra bruna di primavera, e forse sulla sua tomba oggi hanno già messo radici i primi fiori. Io non ho più patria, padre e madre sono seppelliti in luoghi diversi. Non ho preso con me nessun oggetto-ricordo, solo l'anello d'oro sottile a cui la mia mano si è ormai abituata. La mia patria sarà un giorno là dove anche a me la terra renderà l'estremo servizio. Tuttavia io non mi sento sperduto nel mondo che amo e cui sono estraneo come lo era mio padre. E presso quell'umida tomba bruna in suolo svevo io ho più guadagnato che perduto. Chi è riuscito a entrare nella strada della maturità non può più perdere ma solo guadagnare. Finché un giorno viene anche per lui l'ora in cui trova aperta la porta della gabbia e con un ultimo battito del cuore si sottrae all'inadeguatezza della vita.

Chi cercasse allora, nella Bibbia o in altri libri, un motto adatto a un uomo come noi, che di noi non dica tutto e non ne abbia la pretesa, ma rispecchi il più fedelmente possibile la bellezza di quell'avvenimento, non ne potrebbe trovare uno migliore di quel versetto: «Il filo è spezzato e l'uccello è volato via».

SENZA PAUSA

Anima, tu uccello trepido,
di continuo chiedi:
quando dopo così tanti giorni turbolenti
viene la pace, viene il riposo?

Oh, io so: da poco godiamo
giorni tranquilli sotto terra,
che per nuovo desiderio
ti diventa tormento ogni diletto giorno.

E tu, da poco al sicuro,
ti affannerai per nuovi dolori,
e piena di impazienza
infiammerai lo spazio
come una stella nova.

CADUCITÀ

In tutti i periodi buoni, fecondi, ardenti della vita, fin dalla giovinezza, egli aveva vissuto a quel modo, era stato una candela che brucia da due capi, con un senso, ora pieno di giubilo ora pieno di paura, di dissiparsi follemente, di bruciare, con una sete disperata di vuotare fino al fondo il calice, e anche una profonda nascosta angoscia della fine. E spesso già aveva vissuto così, spesso aveva vuotato il calice, spesso era stato tutta una vampa. Talvolta la fine era stata dolce, come un letargo profondo e senza coscienza. Ma talvolta era stata terribile, devastazione insensata, dolori indicibili, medici, triste rinunzia, trionfo della debolezza. E, inutile negarlo, ogni volta la fine del periodo di ardore era stata peggiore, più triste, più segnata dalla distruzione. Ma anche questo era sempre stato superato, e dopo settimane e mesi, dopo giorni di sofferenza o di stordimento egli era risorto a un nuovo incendio, a una nuova eruzione del suo fuoco sotterraneo, a nuove e più ardenti opere, a una nuova e più raggiante ebbrezza di vita. Così era stato, e i periodi di tormento e di rinuncia, le miserabili pause, eran stati dimenticati, si erano inabissati. Era bene così. [...]

O Signore! migliaia di cose attendevano, migliaia di calici eran lì, colmi! E in terra non c'era cosa che non andasse dipinta, e al mondo non c'era donna che non andasse amata! Perché esisteva il tempo? Perché sempre soltanto quell'idiota succedersi delle cose invece dell'impetuosa contemporaneità sola capace di saziare? Perché stava lì solo nel letto, come un vedovo, come un vecchio? Durante tutta la breve vita l'uomo può godere, può creare; ma egli canta una canzone dopo l'altra, né mai risuona la piena sinfonia di cento voci e cento strumenti a un tempo.

Molto tempo prima, all'età di dieci anni, era stato Klingsor dalle dieci vite. Tra i ragazzi era in uso giocare ai briganti; ognuno dei briganti aveva dieci vite, ma ne perdeva una ogni volta che veniva sfiorato con la mano o colla freccia. Con sei vite, con tre, anche con una vita sola, uno poteva scampare e liberarsi, ma soltanto perdendo la decima tutto era perduto. Ma lui, Klingsor, era stato così superbo da voler sempre esporre d'un colpo le sue dieci vite, e aveva dichiarato di ritenere vergognoso cavarsela con otto o nove vite. Così era stato lui da ragazzo, in quel tempo favoloso in cui nulla al mondo era impossibile, nulla difficile, in cui tutti amavano Klingsor, in cui Klingsor comandava a tutti, e tutto gli apparteneva. Anche dopo aveva continuato allo stesso modo, aveva sempre vissuto bruciando dieci vite per volta. E se anche non era mai arrivato a saziarsi, mai alla piena echeggiante sinfonia, monotona e povera non lo era stata la sua canzone, e un paio di corde più degli altri le aveva pur avute al suo strumento, e un paio di ferri di più sul fuoco, un paio di talleri di più nel borsellino, un paio di cavalli di più al suo carro. Dio sia lodato! [...]

Febbrile si dissolveva la breve notte d'estate, un vapore saliva dalla verde profondità della valle, in centomila alberi ribolliva la linfa, centomila sogni affioravano nel sonno leggero di Klingsor, la sua anima ripassava attraverso la sua vita, come attraverso una gran sala tutta specchi dove le immagini si incontrano moltiplicate, ogni volta con un nuovo aspetto e un significato nuovo, e intrecciano nuove figure, come un cielo stellato che venga scosso nella coppa dove si agitano i dadi. [...]

Era l'ora dorata, l'estrema; la luce del giorno rischiarava ancora tutte le cose, ma già si affacciava la luna e i primi pipistrelli nuotavano nell'aria sfavillante. Un tratto del margine della foresta era dolcemente immerso nell'ultima luce; chiari tronchi di castagno davanti alle proprie lunghe ombre nere; una capanna d'ocra irradiava lentamente tutta la luce assorbita nel giorno, come un giallo topazio che arde senza fiamma; rossastri e violacei i sentieruoli attraversavano prati, vigneti, foreste; poi qua e là un ramo d'acacia già ingiallito, il cielo all'occaso dorato e verdognolo su montagne di azzurro velluto.

O poter ancora lavorare adesso, nell'ultimo fatato quarto d'ora di quel giorno di matura estate che non tornerebbe mai più! Com'era tutto indicibilmente bello, tranquillo, buono e generoso, com'era tutto pieno di Dio!

Klingsor si sedé tra l'erba fresca, afferrò meccanicamente la matita, poi, sorridendo, lasciò ricadere la mano. Era stanco morto. Le sue dita palparono l'erba asciutta, la terra asciutta e frolla. Poco tempo ancora, e poi il dolce gioco appassionante sarebbe finito, poco tempo ancora, poi egli avrebbe le mani e gli occhi e la bocca pieni di terra! Thu Fu di quei giorni gli aveva mandato una poesia; se ne ricordava e la ripcté lentamente:

Dall'albero vitale
cade ogni foglia.
O mondo ardente e vano
sazia è ogni voglia.

Sazia ogni voglia e stanca
e inebbriata;
ma già doman l'ebbrezza
è tramontata.
Presto sulla mia fossa
il vento romba.
Piega la madre
del bimbo sulla tomba.
I suoi occhi io voglio rivedere,
il resto importa nulla,
tanto tutto ritorna volentieri
della morte nel nulla.
Sol la Madre riman, l'eterna Madre
che ci donò la vita:
il nostro nome scrive ella nell'aria
con lievi dita.

Ebbene, era giusto così. Quante, delle sue dieci vite, restavano ancora a Klingsor? due? tre? Più d'una, certo, più d'una onesta comune vita d'ogni dì di bravo borghese. E molte cose aveva fatte, molte viste, molta carta e tela aveva dipinto, molti cuori aveva commossi nell'odio e nell'amore, e acceso molti sdegni nella vita e nell'arte e portato una nuova e fresca corrente d'aria nel mondo. Molte donne aveva amato, molte tradizioni e santuari aveva distrutto e osate molte cose nuove. Aveva vuotato molti calici, respirato molti giorni e molte notti stellate, si era arroventato a molti soli, aveva nuotato in molte acque. E ora era lì, in Italia o in India o in Cina, il vento d'estate soffiava capricciosamente nelle chiome dei castagni, e il mondo era buono e perfetto. Era indifferente se egli dipingerebbe ancora cento quadri o dieci, se vivrebbe ancora venti estati o una sola. Si era fatto stanco, stanco. «Tanto tutto ritorna volentieri della morte nel nulla.» Bravo Thu Fu! Era ora di tornare a casa. Rientrerebbe un po' barcollante in camera, accolto dal vento che entrava dal balcone. Accenderebbe il lume, tirerebbe fuori i suoi studi. L'interno di bosco col molto giallo cromo e blu cinese era forse buono, forse un giorno diverrebbe un quadro. Su dunque, era tempo!

Tuttavia rimase seduto, col vento nei capelli, colla sua giacchetta di tela svolazzante e impiastricciata, sorriso e pena entro il cuore già crepuscolare. Molle e languido alitava il vento, molli e muti svolazzavano i pipistrelli nel cielo che si spegneva. Tutto torna volentieri nel nulla della morte. Solo rimane la Madre eterna.

Anche lì poteva dormire, un'ora almeno, tanto faceva caldo. Pose la testa sul sacco e fissò il cielo. Com'è bello il mondo, come stanca e sazia!

Dei passi scendevano lungo il monte, vigorosi su zoccoli di legno. Tra le felci e le ginestre apparve una figura, una donna, i colori dei suoi abiti nella penombra già non si discernevano più. Ella si avvicinava con passo sano e regolare. Klingsor balzò su e gridò: buona sera! Ella si spaventò un po' e si arrestò un istante. Egli la guardò in viso. La conosceva, ma non sapeva bene dove l'avesse vista. Era bella e scura, chiari luccicavano i suoi bei denti saldi.

«To', guarda!» disse, e le diede la mano. Intuì che qualcosa lo legava a quella donna, un qualche vago lontano ricordo. «Ci si conosce ancora, no?»

«Madonna, voi siete il pittore di Castagnetta! Mi avete riconosciuta?»

Sì, adesso sapeva. Era una contadina di Val Taverna; presso la sua casa, nel già così remoto e confuso passato di quell'estate, egli aveva dipinto per alcune ore, aveva attinto acqua al suo pozzo, aveva dormito un'ora all'ombra del fico, e al momento di andarsene aveva ricevuto da lei un bicchier di vino e un bacio.

«Non siete mai più tornato» si lamentò la donna. «Eppure me lo avevate promesso.» La sua voce profonda si era fatta ardita e provocante. Klingsor si riscosse dal suo letargo.

«Ecco, tanto meglio dunque che sei venuta tu da me! Che fortuna mi tocca, proprio adesso che ero così solo e triste!»

«Triste? Eh, non pigliatemi in giro, signore! Voi siete un burlone, non c'è da credere una parola di quel che dite! Basta, devo andar per la mia strada.»

«Allora ti accompagno.»

«Non è la strada vostra, e non è neppur necessario. Che potrebbe accadermi?»

«A te niente, a me sì. Potrebbe arrivare un altro, e piacerti, e andar con te, e baciare la tua cara bocca e il tuo collo e il tuo petto che mi piace tanto, lui sì e io no. No, questo non deve accadere.»

Le aveva messo il braccio attorno alla nuca e non la lasciava più.

«Stelluccia, piccola mia! tesoro! mia piccola susina dolce! mordimi, se no ti mangio.»

La baciò, mentre ella si arrovesciava ridendo, sulla bocca aperta e forte; tra resistenze e dinieghi ella cedeva, rendeva i baci, scuoteva il capo, rideva, cercava di sciogliersi. Egli la teneva stretta, bocca contro bocca, la sua mano sul petto di lei; i capelli della donna odoravano di estate, di fieno, di ginestre felce more. Un istante, nel riprender fiato egli piegò il capo all'indietro, e vide sul cielo impallidito brillare piccola e bianca la prima stella. La donna taceva, il suo volto era diventato serio, ella sospirò, poi mise la sua mano sulla sua premendosela più forte sul petto. Egli si piegò dolcemente, le pose il braccio nel cavo dei ginocchi che non resistettero, l'adagiò sull'erba.

«Mi vuoi bene?» chiese ella, come una bimba. «Povera me!»

Vuotarono il calice; il vento soffiava loro sui capelli portando via il respiro.

Prima che si separassero egli cercò nello zaino, nelle tasche, se non avesse qualcosa da regalare; trovò una scatoletta d'argento ancor mezza piena di tabacco da sigarette, la vuotò, gliela diede.

«Ma no, non è un regalo» la rassicurò. «Solo un piccolo ricordo perché tu non mi dimentichi.»

«Io non ti dimenticherò» diss'ella. Poi: «Tornerai?».

Egli si fece mesto. Lentamente la baciò sugli occhi. «Tornerò» disse.

Per un po', rimanendo immobile, udì i suoi passi sugli alti zoccoli, risuonare nella discesa, sul prato, nel bosco, sulla terra, sulla roccia, sul fogliame, sulle radici. Se n'era andata. Nera si ergeva la foresta nella notte, tepido il vento soffiava sulla terra fatta buia. Qualcosa, forse un fungo, forse una felce appassita mandava un odore acuto e amaro di autunno.

PIENA FIORITURA

Si erge carico di fiori il pesco,
non tutti diventeranno frutto.
Risplendono chiari come spuma rosata
attraverso l'azzurro e la fuga di nuvole.

Simili a fiori si schiudono i pensieri,
centinaia ogni giorno,
lasciali fiorire! Lascia a ogni cosa il suo corso!
Non chiedere qual è il guadagno!

Vi deve pur essere gioco e innocenza
e dovizia di fiori,
altrimenti per noi sarebbe
troppo piccolo il mondo
e la vita non un piacere.

Non è più primavera nel mio cuore. È estate... Il mio desiderio appagato non dipinge più colori di sogno sulle lontananze offuscate, il mio occhio è contento di ciò che c'è, perché ha imparato a vedere... Io sono ansioso di maturare.

Sono pronto a morire, pronto a essere rigenerato. Il mondo si è fatto più bello.

Si dice degli Svevi che non mettono giudizio prima dei quarant'anni, e gli Svevi stessi, che non peccano certo di soverchia fiducia in sé, lo considerano, a volte, come una vergogna. Ma è proprio il contrario: è un grande onore, perché il giudizio a cui allude il proverbio (non è altro che ciò che i giovani chiamano anche la «saggezza dei vecchi», cioè la conoscenza delle grandi antinomie, dei segreti della circolazione e della bipolarità) non può trovarsi che di rado in un quarantenne, anche tra gli Svevi, per intelligenti che siano. Una volta superati i quarantacinque anni, invece, intelligenti o no che si sia, quella saggezza o mentalità propria di chi invecchia viene da sola, specie se l'incipiente senilità si presenta con tanto di moniti e di acciacchi.

FINE ESTATE

Qui, nelle Alpi meridionali, la piena estate è stata bella e luminosa; e da due settimane sento ogni giorno quel segreto paventare la sua fine, che riconosco ormai come contorno e come misteriosa e potente spezia di tutto ciò che è bello. Soprattutto temevo ogni minimo presagio di burrasca, perché da metà agosto in poi è facile che ogni temporale degeneri e duri parecchi giorni, portando con sé la fine dell'estate, anche se il tempo si rimette. Proprio qui nel sud è quasi regola che l'estate venga all'improvviso interrotta da un temporale, che essa si spenga rapidamente lampeggiando e contorcendosi per poi morire. E quando dopo giorni finiscono nel cielo gli spasimi selvaggi di questi temporali; quando i mille lampi, gli interminabili concerti dei tuoni, gli impetuosi e forsennati scrosci della pioggia tiepida si smorzano e cessano, un mattino o un pomeriggio fa capolino tra le nuvole che si dissolvono un cielo fresco e sereno, di un azzurro dolcissimo, già carico di autunno. E le ombre del paesaggio sono un po' più marcate e nere, hanno perso in colore e guadagnato in contorno, come un cinquantenne, che ancora ieri aveva un'aria fresca e gagliarda, e dopo una malattia, un dolore, una delusione ha il viso segnato da piccole rughe e in ogni ruga indizi del disfacimento. Tremendo è questo ultimo temporale estivo, e crudele l'agonia dell'estate, il suo selvaggio opporsi alla morte, la sua rabbia folle e disperata, il suo scuotersi e ribellarsi: tanto tutto è vano ed è destinato a spegnersi dopo il violento sfogo.

Quest'anno l'estate non accenna a finire in modo così forsennato e drammatico (sebbene sia ancora possibile), questa volta sembra voler morire della dolce e lenta morte per vecchiaia. Niente è più emblematico di questi giorni, e nessun segno di questa particolare e bellissima fine estate è più intimamente sentito che il rincasare a tarda sera da una passeggiata o da una cena paesana: pane, formaggio e vino in una delle ombrose cantine nel bosco. Ciò che è particolare di queste sere è il modo in cui si distribuisce il calore, cresce lenta e silenziosa la frescura, la rugiada notturna, e tacita e docile si dissolve resistendo l'estate. Nelle mille onde sottili si avverte questa lotta, quando dopo il tramonto si passeggia per due o tre ore. Nel fitto bosco, nei cespugli, nelle gole se ne sta ancora raccolto e nascosto il calore del giorno, resiste con tenacia per tutta la notte, cerca le cavità, i ricoveri protetti dal vento. Sulle colline a ponente, i boschi sono in queste ore enormi serbatoi di calore, tutt'intorno intaccati dalla frescura notturna; e ogni avvallamento del terreno, ogni letto di ruscello e persino il tipo e densità del manto boschivo si rivelano con precisione a chi cammina grazie alle varie gradazioni di calore. Proprio come uno sciatore, che attraversa una zona montuosa, può sentire nelle ginocchia in movimento la formazione del terreno, i dossi e gli avvallamenti, le sezioni longitudinali e laterali

della struttura montuosa, rilevando così, dopo aver un po'
allenato tale sensibilità delle ginocchia, l'intera conforma-
zione di un pendio durante la discesa, io decifro qui
nell'oscurità profonda della notte senza luna l'immagine del
paesaggio attraverso le dolci onde di calore. Entro in un
bosco, accolto dopo pochi passi da un crescente flusso caldo
simile al tepore di una stufa che arde dolcemente, e trovo
che il calore aumenta e diminuisce con la densità del bosco;
i letti vuoti dei ruscelli che ormai da tempo non hanno più
acqua e tuttavia conservano nella terra un residuo di
umidità, si annunciano diffondendo frescura. In ogni stagione variano le temperature nei diversi punti del terreno,
ma solo in questi giorni di passaggio dall'estate all'autunno
le si avverte in modo così forte e netto. Come il colore
rosato delle montagne spoglie in inverno, la turgida umidità
dell'aria e della vegetazione in primavera, il volo notturno
delle lucciole all'inizio dell'estate, questo singolare incede-
re di notte a fine estate attraverso le mutevoli onde di calore
fa parte degli eventi sensoriali che agiscono con più forza
sullo spirito e sul sentimento della vita. Come mi investì ieri
notte l'ultima frescura dei prati e della valle, là allo sbocco
della gola verso il cimitero di Sant'Abbondio, mentre dalla
cantina tornavo a casa! Come il piacevole calore del bosco
restava indietro nascondendosi timoroso fra le acacie, i
castagni e gli ontani! Il bosco resisteva all'autunno e l'estate
alla fine inevitabile! Allo stesso modo negli anni in cui
declina la sua estate, si difende l'uomo contro l'avvizzimen-
to e la morte, contro il freddo che penetra nello spazio e nel
suo stesso sangue. E con rinnovato affetto si abbandona ai
piccoli giochi e ai suoni della vita, alle mille soavi bellezze
della sua superficie, ai dolci palpiti di colore, alle rapide
ombre delle nuvole, si aggrappa sorridente e angosciato a
ciò che vi è di più effimero, è spettatore della propria fine
traendone paura e consolazione, e impara tremante l'arte
del saper morire. Qui è il confine fra gioventù e vecchiaia.
Alcuni l'hanno varcato già a quarant'anni o prima, alcuni
l'avvertono solo tardi, fra i cinquanta e i sessanta. Ma è

sempre la stessa cosa: invece dell'arte di vivere comincia a interessarci un'altra arte, invece di formare e affinare la nostra personalità incominciamo a occuparci del suo smantellamento e annientamento, e improvvisamente, quasi da un giorno all'altro ci sentiamo vecchi, sentiamo estranei i pensieri, gli interessi e i sentimenti della gioventù. Questi giorni di passaggio sono quelli in cui piccoli e dolci spettacoli, quali lo spegnersi e il morire di un'estate, riescono a scuoterci e a commuoverci, ci riempiono il cuore di stupore e tremore, ci fanno rabbrividire e sorridere.

Già il bosco non ha più il verde di ieri, e le foglie di vite cominciano a ingiallire, mentre al di sotto gli acini diventano blu e porporini. E le montagne verso sera si tingono di violetto, mentre il cielo assume i toni smeraldini che predicono l'autunno. E allora? Allora cesseranno le serate al grotto e i bagni pomeridiani nel lago d'Agno, e si smetterà di stare seduti fuori e di dipingere sotto i castagni. Beato chi ritorna all'amato lavoro produttivo, alle persone care, alla propria casa! Chi non ha queste cose, chi ha visto spezzarsi queste illusioni, prima del freddo incombente s'infila nel letto o fugge in viaggio e peregrino osserva qui e là gli uomini che hanno una patria, che sono inseriti in una comunità, che credono nella propria professione e attività. Li osserva lavorare, sforzarsi, affannarsi, e nota come al di sopra della loro buona fede e di tutti i loro sforzi si addensa lenta e inosservata la nube della prossima guerra, del prossimo sconvolgimento, della prossima fine, visibile solo agli oziosi, agli atei e ai delusi – ai vecchi che hanno sostituito il perduto ottimismo con la loro piccola e dolce preferenza senile per le amare verità. Noi vecchi stiamo a guardare come sotto la sventolante bandiera degli ottimisti il mondo migliori ogni giorno, come ogni nazione si senta sempre più prossima a Dio, infallibile, sempre più giustificata alla violenza e alla facile aggressione, come nell'arte, nello sport, nelle scienze spuntino nuove mode e nuovi

astri, come risplendano i nomi, dai giornali stillino i
superlativi e come tutto ciò arda di vita, di calore, di
entusiasmo, di prepotente voglia di vivere, di ebbra nega-
zione della morte. Flutto dopo flutto sale come le ondate
di calore nell'estate del bosco del Ticino. Eterno e imponente è lo spettacolo della vita, a dire il vero privo di
contenuto, ma eterno movimento, eterna difesa contro la
morte.

Alcune buone cose ci aspettano ancora, prima che si entri
nell'inverno. I grappoli bluastri diventeranno teneri e dolci,
i giovanotti canteranno durante la vendemmia, e le ragazze
con i loro fazzoletti colorati saranno come bei fiori di campo
tra le gialle foglie di vite. Alcune buone cose ci aspettano
ancora e altre, che oggi ci sembrano amare, avranno un
dolce sapore, quando avremo imparato meglio l'arte del
morire. Per il momento attendiamo ancora che maturino i
grappoli d'uva, che cadano le castagne e speriamo di poter
godere ancora della prossima luna piena; e pur invecchiando a vista d'occhio, vediamo la morte ancora ben lontana.
Come ha detto un poeta:

> Magnifico è per i vecchi
> il calore della stufa e il rosso del borgogna,
> e infine una dolce morte –
> ma più tardi, non oggi!

Con la maturità si diventa sempre più giovani. Succede
anche a me così, sebbene ciò voglia dire poco, perché in
fondo ho sempre conservato la gioia di vivere degli anni
della fanciullezza e ho sempre sentito l'età adulta e l'invecchiamento come una specie di travestimento.

Non mi è mai piaciuto dare troppa importanza alla giovinezza, né identificarla con un periodo preciso; in realtà esistono giovani e vecchi solo fra le persone dozzinali; tutti gli esseri umani di talento e con interessi e atteggiamenti più differenziati sono ora vecchi ora giovani, così come ora sono contenti ora tristi. Spetta ai più anziani adoperare la propria capacità di amare in modo più libero, giocoso, esperto e indulgente di quanto sappia fare la gioventù. La vecchiaia trova spesso i giovani saputelli, ma poi essa stessa imita sempre volentieri i gesti e i modi della gioventù, ed è ugualmente fanatica, ingiusta, sempre convinta delle proprie ragioni e facile all'offesa. La vecchiaia non è peggiore della giovinezza; Lao Tse non è peggiore di Buddha. Blu non è peggio di rosso. La vecchiaia si degrada soltanto quando vuole atteggiarsi a gioventù.

Di per sé l'invecchiamento è un processo naturale e un uomo di sessantacinque o settantacinque anni, quando non vuole a ogni costo apparire più giovane, è altrettanto sano e normale di un uomo di trenta o cinquant'anni. Ma purtroppo non si è sempre in sintonia con la propria età, nel profondo spesso si corre in avanti, e ancora più spesso si rimane indietro – la coscienza e il sentimento della vita sono allora meno maturi del corpo, si difendono contro le sue manifestazioni naturali, e pretendono da se stessi qualcosa che non si possono concedere.

L'UOMO DI CINQUANT'ANNI

Passano cinquant'anni
dalla culla alla bara,
poi inizia la morte.
Si rimbecillisce, ci si inasprisce,

ci si lascia andare, si invillanisce,
e in malora vanno i capelli.
Anche i denti vanno in pezzi,
e invece di stringere a noi
con entusiasmo giovanette,
leggiamo libri di Goethe.

Ma ancora una volta prima della fine
voglio catturare il cuore di una simile fanciulla;
occhi chiari e capelli ricci,
la prendo con riguardo fra le mani,
bacio bocca e seno e guance,
le sfilo gonna e mutandine.
Poi nel nome di Dio
che mi prenda pure la morte. Amen.

ENTRANDO IN UNA CASA NUOVA

Entrare in una casa significa non soltanto incominciare qualcosa di nuovo, ma anche abbandonare qualcosa di vecchio. E se ora io entro nella nostra nuova abitazione posso ben essere grato di cuore all'amico, alla cui bontà la devo, e ricordarmi con riconoscenza e rinnovata amicizia di lui e degli altri che hanno contribuito all'acquisto e all'allestimento. Ma dirne qualcosa, raffigurarla in un racconto, lodarla, innalzarle un canto non potrei, perché come si potrebbero spendere parole e cantar lodi al primo passo di un'iniziativa nuova, come si potrebbe lodare un giorno prima del suo tramonto? Ben possiamo al momento di inaugurarla nutrire in noi dei desideri e pregare gli amici di voler anch'essi formulare nel loro cuore taciti voti per il futuro della casa e della nostra esistenza in essa. Ma dirne qualcosa, darne una notizia reale, considerandola un'esperienza e riconoscendola come tale, questo lo potrei fare solo col passare dei giorni e degli anni.

Piuttosto io posso e devo, entrando nella nuova abitazione, pensare a quelle altre case che in epoche precedenti della mia vita mi hanno offerto un tetto proteggendo la mia esistenza e il mio lavoro. A ognuna di esse io sono grato, ognuna conserva per me ricordi innumerevoli e contribuisce nella mia memoria a dare una fisionomia precisa al tempo che vi ho trascorso. Perciò, come in una rara solennità familiare dapprima si rievoca il passato e ci si ricorda dei morti, così io voglio oggi rammentarmi di tutte le case che hanno preceduto quella bella di oggi, farne rivivere in me l'immagine e raccontarne agli amici.

Sebbene cresciuto in vecchie case piene di carattere, nei miei anni giovani ero troppo poco colto, e soprattutto troppo occupato di me stesso, per prestare molta attenzione e interesse all'edificio e all'appartamento in cui vivevo. Non mi era certo indifferente l'aspetto della mia camera, ma nella sua parvenza esteriore allora per me era importante solo ciò che costituiva il mio personale contributo a essa. Mi interessavano e mi davano piacere non le dimensioni dell'ambiente, le pareti, i loro angoli, l'altezza, i colori, il pavimento o altro, ma soltanto ciò ch'io stesso vi avevo apportato e collocato, appeso e disposto.

Il modo in cui un dodicenne sognatore cerca di ornare e di caratterizzare la sua prima camera non ha niente a che fare col gusto, la decorazione: l'impulso che lo spinge a tale abbellimento è più profondo di qualsiasi gusto. Così un tempo anch'io, a dodici anni, quando nella spaziosa casa paterna ebbi per la prima volta una camera tutta per me di cui andare orgoglioso, non tentai in alcun modo di scompartire e padroneggiare l'ambiente alto e spazioso, o di renderlo bello e abitabile con l'impiego del colore o la disposizione dei mobili, al contrario: senza curarmi affatto del posto del letto e degli armadi e così via, rivolsi tutta la mia attenzione a quei pochi punti della stanza che per me non erano oggetto d'uso ma sacrari. Prima di tutto veniva il mio scriviritto, ne avevo per tanto tempo desiderato uno e

123

finalmente l'avevo avuto, e anch'esso aveva il suo punto più importante: lo spazio vuoto sotto il coperchio obliquo, dove raccoglievo un arsenale di più o meno segreti trofei, fatto di cose che non servono e non si possono comperare, che per me e per nessun altro avevano valore di ricordo, e anche in parte un significato magico. C'era fra quelle un piccolo teschio d'animale di cui non sapevo l'origine, poi foglie secche, una zampa di lepre, un pezzo di spesso vetro verde e parecchie altre cose simili, che giacevano nell'oscurità di quell'antro nascoste sotto il coperchio del leggio, non viste né conosciute da nessuno, mio possesso e mio segreto, e più preziose, per me, di qualunque altro possedimento. Subito dopo questa segreta camera dei tesori veniva il ripiano superiore del leggio, e qui non si trattava del reparto più intimo e nascosto, ma entravano già in campo decorazione, esibizione e anche grandigia. Lì non volevo nascondere e proteggere, ma mettere in mostra e far pompa, lì ci volevano grandiosità e bellezza; infatti, oltre a mazzolini di fiori e pezzi di marmo, c'erano in bella vista fotografie e quadretti, e il mio più grande desiderio era di poterci mettere una statua, non importa quale, purché fosse qualcosa di plastico, un oggetto d'arte a tre dimensioni, figura o testa; e tale esigenza era così forte che una volta rubai un marco e mi comprai per ottanta pfennig un minuscolo busto in terracotta dell'imperatore Guglielmo giovane, un oggetto di serie privo di valore.

Del resto quella bramosia dei miei dodici anni era ancor viva a venti, tanto che fra le prime cose che da apprendista libraio a Tübingen mi comprai col denaro da me guadagnato ci fu una copia in gesso bianchissimo del busto di Ermete di Prassitele. Oggi probabilmente non sopporterei di vederlo in nessuna delle mie stanze, ma allora sentivo ancora quasi con la stessa intensità con cui ragazzo avevo ammirato la figura d'argilla del Kaiser il fascino primitivo della plastica, cioè della corporea, palpabile, tangibile imitazione della natura. Non vi si poteva perciò vedere un miglioramento sostanziale del gusto, benché l'Ermete sia certo una figura più nobile di quella dell'imperatore. Devo dire inoltre che allora, durante i quattro anni a Tübingen, ero ancor sempre indifferente alla casa e alla stanza in cui abitavo. Per tutti quegli anni la mia camera in via Herrenberger fu la stessa che mi avevano cercato i miei genitori al mio arrivo colà: una fredda triste stanza a pianterreno di una brutta, tetra casa in una via scialba. Per quanto sensibile a molte cose belle, di quell'abitazione non soffersi per nulla. Comunque non era neppure un vero «abitare», perché ero via, in negozio, dalla mattina presto fino a sera, e quando tornavo a casa per lo più era già buio e non provavo altro desiderio che quello di star solo, d'esser libero, di leggere e lavorare per conto mio. Inoltre per «stanza bella» non intendevo ancora un ambiente armonioso, bensì uno adorno. E gli ornamenti non li lasciavo mancare. Alle pareti erano appesi, in parte in grandi fotografie, in parte in piccoli ritagli da riviste illustrate o da cataloghi di case editrici, più di cento ritratti di persone che per qualche motivo ammiravo, e la raccolta cresceva ogni anno; ricordo ancora bene con quali sacrifici pagai il prezzo un po' caro di una fotografia del giovane Gerhart Hauptmann, di cui avevo letto allora *Hannele*, e quello di due fotografie di Nietzsche, di cui una era il famoso ritratto coi grossi baffi e lo sguardo un po' di sotto in su, l'altra invece, tratta da un quadro a olio, lo raffigurava infermo, con lo sguardo totalmente assorto e assente, rannicchiato in una sedia a sdraio all'aperto. Davanti a questo ritratto mi fermavo spesso. C'erano poi l'Ermete, e il più grande ritratto di Chopin che ero riuscito a trovare. Inoltre una mezza parete sopra il sofà era decorata all'uso studentesco con una serie di pipe simmetricamente appese. Avevo ancora lì uno scriviritto, la cui cavità costituiva ancor sempre una magia, un segreto e una camera dei tesori, era una fuga dal freddo mondo esterno in un regno incantato; solo che non vi erano più teschi, zampe di lepre, castagne d'India scavate e pezzi di vetro, bensì, su quaderni e su molti fogli sciolti, le mie poesie, fantasie e saggi.

A ventidue anni, nell'autunno 1899, passai da Tübingen a Basilea, e soltanto allora entrai in un serio e vivo rapporto con l'arte figurativa: mentre a Tübingen il mio tempo, quello almeno che mi apparteneva, era stato da me speso esclusivamente in conquiste letterarie e intellettuali, e soprattutto nell'impegno ebbro e quasi ossessivo con Goethe e poi con Nietzsche, a Basilea mi si aprirono anche gli occhi, e divenni un attento e ben presto anche acuto osservatore di architetture e di opere d'arte. La piccola cerchia di persone che a Basilea mi accolse e mi aiutò a formarmi era totalmente imbevuta dell'influsso di Jacob Burckhardt,[1] morto da poco, che era destinato a prendere, nella seconda metà della mia vita, il posto prima tenuto da Nietzsche. Durante i miei anni di Basilea feci per la prima volta il tentativo di avere un'abitazione dignitosa e di buon gusto: presi in affitto in una vecchia casa una graziosa e originale stanza con una grande antica stufa di maiolica, una stanza che aveva un passato. Ma lì non fui fortunato, perché la camera, pur magnifica, non era mai calda nonostante la gran quantità di legna che la vecchia stufa inghiottiva; e sotto le sue finestre, per quelle vie apparentemente così tranquille, alle tre del mattino incominciavano a passare i carri del latte e quelli del mercato provenienti dalla porta di Sant'Albano, producendo un così infernale frastuono sul selciato da rubarmi il sonno; sconfitto, dopo un po' di tempo fuggii di lì in una moderna periferia.

Incominciava solo allora quel periodo della mia vita in cui non avrei abitato più in camere occasionali passando dall'una all'altra, bensì in vere case, che mi divennero care e importanti. Negli anni fra il mio primo matrimonio nel 1904 e l'ingresso in casa Bodmer nel 1931 ho abitato in quattro case diverse, una delle quali costruita da me. A tutte quelle oggi ripenso.

In una casa brutta o anche solo indifferente ormai non

---

[1] Jacob Burckhardt (1818-1897), il celebre critico d'arte e storico di Basilea. [N.d.T.]

sarei più andato; avevo visto molta arte antica, ero stato due volte in Italia, e la mia vita si era anche per altri aspetti arricchita e mutata: allorché mi congedai dal mio passato ufficio, decisi di sposarmi e contemporaneamente stabilii di vivere per l'avvenire in campagna. La mia prima moglie ebbe gran parte in queste decisioni come anche nella scelta dèlle località e delle case in cui vivemmo in seguito. Pur risoluta a fare una vita semplice, agreste, sana e il più possibile sobria, essa dava tuttavia molta importanza all'abitare in un ambiente veramente bello: in un bel paese, con una bella veduta, e in una casa bella, cioè piena di carattere, dignitosa, non banale. Il suo ideale era una casa di campagna mezzo rustica mezzo signorile, con un tetto coperto di musco, spaziosa, sotto alberi secolari, possibilmente con una fonte mormoreggiante davanti alla porta. Io avevo idee e desideri del tutto simili ai suoi, e inoltre in quelle cose subivo l'influsso di lei. Così ciò che volevamo trovare ci era davanti come prefigurato. Dapprima cercammo in graziosi villaggi qua e là nei dintorni di Basilea; in seguito, dopo la mia prima visita a Emil Strauss a Emmishofen, prendemmo in considerazione anche il lago di Costanza; e infine, mentre io ero a casa, a Calw, con padre e sorelle, e scrivevo *Unterm Rad*, mia moglie scoperse il villaggio di Gaienhofen sull'Untersee, nel Baden, e in esso una casa di contadini libera, in un punto tranquillo di faccia alla cappella del paese. Io mi trovai d'accordo e la prendemmo in affitto per centocinquanta marchi all'anno, prezzo che ci sembrò a buon mercato persino lì e allora. Nel settembre 1904 incominciammo a metterla in sesto, da principio con delusioni e difficoltà, dovendo attendere a lungo che arrivassero da Basilea i mobili e i letti che aspettavamo ogni giorno al piroscafo del mattino proveniente da Sciaffusa e non giungevano mai. Poi le cose si avviarono e il nostro zelo crebbe. Nelle camere del piano superiore dipingemmo di rosso scuro la rozza travatura del tetto; le due stanze da basso, le più belle, avevano vecchi rivestimenti di abete naturale, e accanto alla bella stufa c'era un angolino speciale: al di sopra di una rozza panca un tratto di parete era rivestito di vecchie piastrelle verdi riscaldate dal focolare della cucina. Era quello il posto preferito del nostro primo gatto, il bel micio «Gattamelata». Questa dunque fu la mia prima casa. Veramente noi ne avevamo preso in affitto solo la metà; dell'altra, comprendente il granaio e la stalla, il contadino si era riservato l'uso. La parte abitabile constava da basso di una cucina e di due stanze, di cui la più ampia con la gran stufa di maiolica era soggiorno e sala da pranzo: rozze panche correvano lungo mezza parete, e tra quei muri rivestiti di legno si stava comodi e caldi. La stanza contigua, più piccola, era di mia moglie, che vi teneva il suo pianoforte e lo scrittoio. Una semplice scala di legno conduceva al piano superiore. Lì c'era, in corrispondenza del soggiorno da basso, un vasto ambiente con due finestre sull'angolo, dalle quali si potevano vedere oltre la cappella tratti del paesaggio lacustre; era il mio studio, ci stava il grande scrittoio che mi ero fatto fare, l'unico pezzo che ancora conservo d'allora; e c'era anche uno scriviritto, e tutte le pareti coperte di libri. Entrando bisognava fare attenzione all'architrave della porta; chi non vi badava picchiava la testa contro l'uscio basso, a qualcuno è capitato. Stefan Zweig quando da giovane mi fece visita dovette rimanere sdraiato un quarto d'ora per rimettersi, prima di poter parlare: era entrato troppo svelto e con troppo entusiasmo perché io avessi il tempo di metterlo in guardia prima che oltrepassasse la soglia. Accanto, sullo stesso piano, si trovavano due camere da letto; e di sopra un'ampia soffitta. In quella casa non c'era giardino, solo una piccola macchia d'erba con due o tre minuscoli alberi da frutto; poi io zappai lungo la casa un'aiola e vi piantai arbusti di ribes e alcuni fiori.

In quella casa ho abitato tre anni, fu lì che venne al mondo il mio primo figlio e nacquero molte poesie e racconti. Nelle pagine del mio *Libro d'immagini* vi sono descrizioni della nostra vita d'allora. Qualcosa che nessuna altra successiva abitazione poté più offrirmi mi rende cara e unica quella casa di contadini: era la prima! Fu il primo rifugio del mio giovane matrimonio, il primo legittimo cantiere del mio lavoro, lì per la prima volta ebbi il senso della residenza stabile, e proprio per questo a volte anche della prigionia, dell'essere costretto da limiti e da norme; lì per la prima volta mi abbandonai al bel sogno di potermi costruire e conquistare in un luogo di mia propria scelta qualcosa di simile a una patria. Ciò avvenne con mezzi modesti e primitivi. Nelle stanze piantai io stesso chiodo dopo chiodo, e non erano chiodi acquistati, bensì quelli delle casse del nostro trasloco che avevo raddrizzato a uno a uno sulla soglia di pietra della nostra casa. Al piano superiore riempii di stoppa e di carta le crepe aperte e vi pennellai sopra del colore rosso; combattei sullo sterile terreno presso il muro di casa per quei pochi fiori contro la siccità e l'ombra. Quella cas era stata messa su col simpatico pathos della giovinezza, con un sentimento di responsabilità personalissimo, e con l'idea che fosse per tutta la vita. Rappresentò inoltre un tentativo di condur vita campestre, semplice, sincera e naturale, lungi dalla città e dalle sue mode. I pensieri e gli ideali che ci avevano guidati erano affini a quelli di Ruskin e di Morris come a quelli di Tolstoj. Fu in parte un successo, in parte un fallimento, ma era stata per tutt'e due una cosa seria, un tentativo fatto in piena buona fede. [...]

Dalla nostra rustica abitazione prendemmo un congedo graduale e a cuor leggero, perché avevamo deciso di costruircene una nostra. Avevamo parecchi motivi per farlo. Innanzi tutto le nostre condizioni materiali erano favorevoli, perché con la vita semplice e sobria che si conduceva, ogni anno si era messo da parte del denaro. Poi avevamo da tempo il desiderio di un vero giardino e di un posto più libero e più elevato, con una più ampia vista. Inoltre mia moglie era stata molto ammalata, c'era un bambino, e certe apparecchiature di lusso, come una vasca da bagno e una stufa per riscaldarne l'acqua, non ci sembravano più così superflue come tre anni prima. E pensavamo e dicevamo, se i nostri figli dovevano crescere qui in campagna, era più bello e giusto che crescessero su terra propria, in casa loro, all'ombra dei loro alberi. Non so più su che cosa fondassimo quest'idea di fronte a noi stessi, ricordo soltanto che lo pensavamo davvero. Forse non c'era dietro nient'altro che un senso borghese della casa, che pure in tutt'e due non era mai stato forte, ma forse eravamo stati guastati dagli anni grassi dei primi successi; oppure vi si insinuava anche un ideale di vita contadina? Veramente non mi sono mai sentito sicuro neppure allora dei miei ideali contadineschi; ma, nutriti da Tolstoj e anche da Geremia Gotthelf, e da tutto un movimento di fuga dalla città e vita campagnola a sfondo morale-artistico allora abbastanza vivo in Germania, fervevano in noi proprio quegli articoli di fede, belli ma poco chiaramente formulati, che furono espressi anche nel *Peter Camenzind*. Non so più bene che cosa io allora intendessi con la parola «contadino». Oggi comunque di nulla sono più sicuro che di esserne esattamente l'opposto, cioè (secondo i caratteri innati) un nomade, un cacciatore, un instabile e un isolato. Ebbene, io non la pensavo allora molto diversamente da oggi, ma al posto dei contrari «contadino-nomade», concepivo e formulavo appunto i contrari «contadino-cittadino», intendendo con quello non soltanto la lontananza dalla città, ma innanzi tutto la prossimità alla natura e la sicurezza che distingue una vita guidata non da propositi razionali ma da istinti. Né mi disturbava l'idea che il mio ideale campagnolo fosse già di per sé un atteggiamento razionale. È pur vero che le nostre inclinazioni hanno la sorprendente capacità di mascherarsi da filosofemi. Ma l'errore della mia vita a Gaienhofen non fu di nutrire idee sbagliate sulla vita contadina e così via, bensì di sforzarmi di volere con la parte cosciente di me stesso una cosa tutta diversa dalle mie reali e istintive tendenze. Fino a che punto in ciò io mi fossi lasciato dominare da idee e desideri di mia moglie non posso dire, ma è certo che in questi primi anni il suo influsso fu, come capisco solo ora ripensandoci, più forte di quanto avrei voluto ammettere.

In breve si era deciso di comprare un terreno e di costruire. Avevamo a disposizione un architetto, Hindermann, nostro amico dal tempo di Basilea, i suoceri ci prestarono la maggior parte della somma necessaria, dovunque si poteva acquistare terreno a buon prezzo, credo che costasse due o tre soldi il metro quadrato. Così, nel quarto anno del nostro soggiorno sul lago di Costanza, comprammo un pezzo di terreno e vi costruimmo una bella casa. Scegliemmo un posto grazioso distante un bel pezzo dal villaggio, con vista libera sull'Untersee. Se ne scorgeva la riva svizzera, la Reichenau, la torre del Duomo di Costanza e, più oltre, i monti lontani. La casa era più comoda e grande di quella appena lasciata, vi era spazio in essa per bambini, domestica e ospiti, aveva armadi e cassapanche a muro e non occorreva più attingere l'acqua alla fontana perché c'era una conduttura in casa; inoltre c'erano una cantina per il vino e una per la frutta, e una camera oscura per le fotografie di mia moglie, e altro ancora di grazioso e di piacevole. Entrati che vi fummo, avemmo anche delusioni e ansie: il pozzo nero era spesso otturato, e in cucina l'acqua bloccata dai rifiuti minacciava di straripare dall'acquaio, mentre io, insieme al capomastro mandato a chiamare apposta, stavo disteso a pancia in giù davanti casa e frugavo con bacchette e fili nei tubi di scarico messi un'altra volta allo scoperto. L'insieme però fece buona prova e ci procurò gioia, e se anche la nostra vita d'ogni giorno veniva condotta altrettanto semplicemente di prima, c'erano tuttavia tanti piccoli lussi che io non avrei mai sognato di possedere. Nel mio studio avevo una biblioteca a muro e un grande armadio per le cartelle. Su tutte le pareti si affollavano i quadri: avendo ora parecchi amici artisti, qualcosa compravamo e altro ricevevamo in dono. Nelle stanze di Max Bucherer trasferitosi altrove abitavano ora d'estate due pittori di Monaco, Blümel e Renner, che avevamo cari e dei quali sono amico anche oggi. [...]

Quasi più importante della casa divenne per me il giardino. Non ne avevo mai avuto uno mio, e una naturale conseguenza delle mie idee campagnole era che dovessi disporlo, piantarlo e curarlo da me; e infatti fu così per molti anni. Vi costruii una tettoia per la legna da ardere e per gli attrezzi, e valendomi del consiglio di un giovane contadino tracciai sentieri e aiole e piantai alberi: castagni, un tiglio, una catalpa, una faggiuola e una quantità di bacche e di begli arbusti da frutto. Questi ultimi d'inverno furono rosicchiati e distrutti dalle lepri e dai caprioli, tutto il resto crebbe benissimo, e fu così che allora avemmo in quantità fragole e lamponi, cavolfiori, piselli e insalata. Lì accanto misi una coltura di dalie, e un lungo viale ai cui orli crescevano diverse centinaia di girasoli di grandezza esemplare, e ai loro piedi migliaia di cappuccine in tutte le sfumature del rosso e del giallo. Per almeno dieci anni, a Gaienhofen e a Berna, io ho da solo e di mia propria mano piantato erbaggi e fiori, concimato e innaffiato aiole, liberato i vialetti dalle erbacce, ho segato e spaccato da me tutta la nostra molta legna da ardere. Era bello e istruttivo, ma alla lunga divenne una pesante schiavitù. Giocare a fare il contadino era piacevole fintantoché rimaneva un gioco: quando si trasformò in un'abitudine e in un dovere la gioia di farlo non c'era più. Hugo Ball, prendendo lo spunto dalle mie sobrie informazioni, ha nel suo libro sviscerato bene il senso di quel periodo a Gaienhofen, seppure un po' troppo aridamente e senza rendere giustizia all'amico Finckh. C'era stato infatti più calore, più innocenza e divertimento di quanto egli non lascia sospettare.

Quanto d'altronde l'animo nostro rielabori, falsi o piuttosto corregga l'immagine di ciò che ci circonda, e quanto vengano influenzati dall'intimo nostro le memorie passate, me lo rivela con una chiarezza mortificante il ricordo che conservo della mia seconda casa a Gaienhofen. Del suo giardino ho ancor oggi nella mente un'immagine esattissima, e in casa mi par di rivedere in tutti i particolari il mio studio col suo spazioso balcone, potrei ancora dire il posto che vi aveva ciascun libro. Invece il ricordo delle altre stanze oggi, dopo vent'anni da che ho lasciato quella casa, è già stranamente offuscato.

Ora dunque eravamo insediati e sistemati proprio per tutta la vita, pacificamente si ergeva davanti alla porta di casa l'unico grande albero del nostro terreno, un vecchio pero possente, sotto il quale avevo costruito una panca di legno; io disponevo, piantavo e ornavo con cura il mio giardino, e già il mio figlioletto maggiore mi seguiva giocando con i suoi arnesi infantili. Ma l'eternità per la quale avevamo costruito non durò a lungo. Avevo esaurito Gaienhofen, là non c'era più vita, per me, me ne assentavo ormai spesso per brevi periodi, il mondo di fuori era così vasto! E infine mi recai, nell'estate del 1911, addirittura in India. Gli psicologi d'oggi, che si compiacciono dell'impertinenza, la chiamano una «fuga», e naturalmente era tra l'altro anche questo. Ma era anche un tentativo di guadagnare distanza e un distaccato modo di vedere. Partito per l'India nell'estate del 1911, ne ritornai proprio alla fine dell'anno. Ma tutto questo non bastò. Col passar del tempo sorsero, accanto ai sottaciuti motivi interiori della nostra scontentezza, anche quelli esteriori che facilmente sorgono tra marito e moglie; erano nati un secondo e un terzo figlio, il maggiore incominciava a frequentare la scuola, mia moglie prese a soffrire a intervalli di nostalgia per la Svizzera e anche per la vicinanza di una città, per gli amici e per la musica; cosicché a poco a poco ci abituammo a considerare la nostra casa come vendibile e la nostra vita a Gaienhofen come un episodio. Nell'anno 1912 la situazione era matura, si trovò un compratore per la casa.

Il luogo in cui volevamo ora trasferirci, dopo otto anni a Gaienhofen, era Berna. Non intendevamo certo andare ad abitare in città, ci sarebbe sembrato di tradire i nostri ideali; ma volevamo cercare nei dintorni una tranquilla casa rustica, simile al meraviglioso vecchio podere che da alcuni anni abitava il pittore Albert Welti mio amico. Gli avevo fatto parecchie visite, e la sua casa col poderetto, un bel po' fuori della città, graziosa e un po' trasandata, mi era piaciuta assai. E siccome mia moglie per certi ricordi di giovinezza aveva un grande attaccamento per Berna e per tutto ciò che era di Berna, la circostanza di saper là un amico come Welti fu condeterminante quando mi decisi.

Però, venuto il momento di trasferirci realmente dal lago di Costanza a Berna, tutto aveva assunto un altro aspetto. Un paio di mesi prima del nostro trasloco l'amico Welti e sua moglie erano morti l'uno dopo l'altra. Io avevo partecipato al funerale, e le cose si erano messe in modo che, volendo andar lì, il meglio sarebbe stato di subentrare nella casa di lui. Lottammo interiormente per non accettare quella successione che ci pareva sapesse troppo di morte, cercammo anche qualche altro alloggio nelle vicinanze, ma non si trovò nulla di quanto ci sarebbe piaciuto. La casa di Welti non era stata di proprietà sua, apparteneva a una famiglia patrizia bernese, e potemmo subentrare nelle condizioni d'affitto, prendendo un po' di suppellettile e il cane lupo Zusi che rimase pure presso di noi.

La casa sul Melchenbühlweg, sopra il castello di Wittig-kofen, era sotto tutti gli aspetti la realizzazione del nostro vecchio sogno, intensificatosi sempre più dai tempi di Basilea, dell'abitazione ideale per gente come noi. Era una casa di campagna in stile bernese, col caratteristico frontone arrotondato che traeva dalla sua considerevole irregolarità una particolare attrattiva: una casa che racchiudeva in sé nel modo più piacevole e in una mescolanza che sembrava fatta apposta per noi caratteristiche campagnole e tratti signorili, mezzo primitiva mezzo patrizia; una casa del diciassettesimo secolo con annessi e connessi del tempo dell'impero, in mezzo ad antichissimi alberi maestosi, tutta ombreggiata da un olmo gigantesco; una casa piena di angoli e di intrichi bizzarri, alcuni divertenti e altri fantomatici. Comprendeva una grossa porzione di terreno da coltivare e una casa rurale affidati a un fittavolo, il quale ci forniva il latte per l'uso domestico e il letame per il giardino. A questo nostro giardino, che digradando verso sud si suddivideva con scale di pietra in due terrazze simmetriche, appartenevano dei begli alberi da frutto, e in più, distante duecento passi circa dall'abitazione, un «boschetto», formato da un paio di dozzine di vecchie piante fra cui dei faggi stupendi, che dall'alto di una piccola collina dominava la contrada. Dietro la casa gorgogliava una graziosa fontana, dalla grande veranda a sud tutta ricoperta da un glicine gigantesco si godeva la vista pei dintorni e di molti poggi boscosi sulle montagne, delle quali si scorgeva tutta la catena, dalla regione premontuosa di Thun fino al Wetterhorn, con in mezzo le cime elevate del gruppo della Jungfrau. Casa e giardino sono raffigurati abbastanza fedelmente nel mio frammento di romanzo *La casa dei sogni*, e il titolo di quell'opera incompiuta è un ricordo del mio amico Albert Welti: è lo stesso che egli aveva dato a uno dei suoi quadri più singolari. Nell'interno c'erano diverse cose interessanti e pregevoli: vecchie e belle stufe di maiolica, mobili e guarnizioni in metallo, eleganti pendole francesi sotto campane di vetro, alti specchi antichi dalla lastra verdognola dove si appariva simili a quadri di antenati, e un camino di marmo in cui ogni sera d'autunno accendevo il fuoco.

In breve, tutto era come non avremmo potuto pensare migliore... eppure fu sin dal principio adombrato e infelice. Che questa nostra nuova esistenza fosse cominciata con la morte dei due Welti era come un presagio. Malgrado ciò da principio godemmo dei vantaggi della casa: la vista incomparabile, il tramonto del sole sopra il Giura, la buona frutta, la vecchia città di Berna in cui avevamo degli amici e potevamo sentire della buona musica; ma tutto era un po' come rassegnato e smorzato. Solo alcuni anni dopo mia moglie mi disse una volta di aver fin dal principio sentito in quella vecchia casa, di cui mi era sembrata entusiasta quanto me, paura e oppressione, anzi addirittura il timore della morte improvvisa e degli spiriti. Ma ora si faceva lentamente avanti la grande angoscia che doveva mutare e in parte annientare la mia vita precedente. Venne, men di due anni dopo il nostro cambiamento di residenza, la guerra mondiale, e con essa venne per me la perdita della libertà e dell'indipendenza, venne la grande crisi morale prodotta dalla guerra, che mi costrinse a dare nuovi fondamenti a tutto il mio pensiero e al mio lavoro; venne la grave infermità, durata per anni, del nostro figlioletto minore, il terzo; vennero i primi sintomi della malattia mentale di mia moglie... e mentre io per causa della guerra ero ufficialmente carico d'impegni e moralmente sempre più disperato, andava a poco a poco in sfacelo tutto quanto aveva costituito sino allora la mia felicità. Negli ultimi tempi della guerra me ne stetti spesso al buio, senza petrolio, in quella casa fuori mano che non aveva luce elettrica; a poco a poco il nostro denaro andò perduto, e alla fine, dopo lunghi periodi difficili, la malattia di mia moglie esplose, ed essa soggiornò a lungo in sanatori; la casa di Berna, trascurata e troppo grande, non poteva più essere tenuta come si deve, dovetti mandare i miei figli in pensionati, mentre io rimanevo per lunghi mesi tutto solo, con una domestica rimastami fedele, in quella casa abbandonata, dalla quale sarei andato via già da parecchio se il mio impiego di guerra me l'avesse permesso.

Finalmente, quando nella primavera del 1919 anche quell'incarico finì e io fui di nuovo libero, lasciai quella casa incantata in cui ero vissuto per circa sette anni. Il distacco da Berna non mi riuscì più difficile. Avevo capito che spiritualmente per me non c'era più che una sola possibilità di esistenza: anteporre a tutto il resto il mio lavoro letterario, vivere solo per quello, e non prendermi più a cuore né lo sfacelo della famiglia né la grave mancanza di denaro né alcun'altra considerazione. Se non ci riuscivo, ero perduto. Partii per Lugano, mi fermai diverse settimane a Sorengo e mi misi a cercare, poi trovai a Montagnola la casa Camuzzi e mi vi insediai nel maggio 1919. Da Berna feci venire solo il mio scrittoio e i libri, per il resto vissi con mobili d'affitto. In quella, che fu l'ultima delle mie case passate, abitai per dodici anni, i primi quattro stabilmente, poi solo nei periodi più caldi dell'anno.

Questa bella e bizzarra casa da cui oggi prendo congedo ha voluto dir molto per me, ed è stata sotto certi punti di vista la più originale e graziosa di quante ne abbia possedute o abitate. Qui non possedevo proprio niente, e non occupavo neppure tutta la casa, avevo in affitto un appartamentino di quattro stanze: non ero più un padrone di casa, né un padre di famiglia con abitazione, figli e servitù, che chiama il suo cane e cura il suo giardino; ormai ero un piccolo scrittore bruciato, uno straniero malridotto e alquanto sospetto che viveva di latte di riso e di maccheroni, indossava i suoi vecchi abiti fino a che non si sfilacciavano, e d'autunno si portava a casa dal bosco la cena sotto forma di castagne. Ma l'esperimento che stavo facendo riuscì, e malgrado tutto ciò che ha potuto rendere difficile quel periodo, esso è stato bello e fruttuoso. Come ridestato da incubi, da sogni angosciosi durati per anni, io respiravo la libertà, l'aria, il sole, la solitudine, il lavoro. In quella prima estate scrissi uno dopo l'altro *Klein e Wagner* e *Klingsor*, e con essi il mio spirito tanto si allargò che l'inverno seguente potei cominciare il *Siddhartha*. Non ero dunque naufragato, mi ero ripreso ancora una volta, ero ancora capace di lavoro e di concentrazione; gli anni di guerra non mi avevano, come avevo quasi temuto, spiritualmente rovinato. Materialmente non avrei potuto superare quegli anni e produrre, se non mi avessero sempre fedelmente assistito diversi amici. Senza l'appoggio dell'amico di Winterthur e dei cari siamesi non ce l'avrei fatta; e in particolare mi rese un vero servizio da amico Cuno Amiet prendendo con sé mio figlio Bruno.

Così ho abitato gli ultimi dodici anni in quella casa Camuzzi che al pari del giardino compare nel *Klingsor* e in altre mie opere. Ho dipinto e disegnato questa casa diverse dozzine di volte, tenendo dietro alle sue forme intricate e capricciose; specialmente nelle due ultime estati, per l'addio, ho ancora disegnato tutte le vedute dalle finestre e dal

137

terrazzo e molti degli angoli e dei ruderi fantasticamente belli del giardino. Il mio Palazzo,[1] imitazione di un castello di caccia barocco, sbocciato dall'estro di un architetto ticinese circa settantacinque anni fa, ha avuto oltre a me tutta una serie di inquilini, ma nessuno vi è rimasto altrettanto a lungo, e nessuno, credo, l'ha altrettanto amato (sorridendone), o se ne è fatta come una patria d'elezione. Nato da una fantasia costruttrice insolitamente rigogliosa e ardita, con un allegro superamento di gravi difficoltà di terreno, questo Palazzo mezzo solenne mezzo bizzarro presenta punti di vista diversissimi. Il portale della casa conduce con pompa teatrale per una scala principesca giù nel giardino, il quale si suddivide in molte terrazze con scale scarpate e muri per andare a perdersi in un anfratto, e in esso si trovano tutti gli alberi del sud in vecchi grandi splendidi esemplari, aggrovigliatisi insieme nel crescere e soffocati dai glicini e dalle clematidi. Rispetto al paese la casa è quasi completamente nascosta. Vista dal basso della valle con i suoi frontoni e le torrette che guardano su tacite dorsali boscose sembrava proprio il castello campestre di una novella di Eichendorff.

Qualcosa è mutato anche qui, in dodici anni, non solo nella mia vita ma anche in casa e in giardino. Il vecchio e splendido albero di Giuda, il più grande che io abbia mai visto, che ogni anno fioriva così rigogliosamente dal principio di maggio fino a giugno avanzato, e d'autunno e d'inverno appariva così esotico coi suoi baccelli di un rosso violaceo, una notte d'autunno cadde vittima del temporale. La grande magnolia dell'estate di Klingsor accosto al mio balconcino, le cui bianche e spettrali corolle gigantesche per poco non mi entravano in camera, venne un giorno abbattuta durante una mia assenza. Una volta in primavera ritornavo da Zurigo dopo una lunga assenza, ed ecco che la mia brava vecchia porta di casa non c'era più, letteralmen-

[1] In italiano nel testo. [N.d.T.]

te, il suo posto era murato; rimasi lì davanti inebetito, come in sogno, senza riuscire più a trovare l'ingresso: avevano modificato la costruzione senza darmene notizia! Ma per me la casa non ha sofferto per nessuno di quei mutamenti, era mia più di qualunque altra precedente, perché qui non ero marito e padre, qui ero solo, qui avevo lottato in duri anni angosciosi dopo il grande naufragio per una posta che spesso mi pareva completamente perduta, qui per molti anni avevo goduto, e anche sofferto, della solitudine più completa, avevo molto scritto e molto dipinto – consolatrici bolle di sapone! – e mi ci ero così completamente radicato come dai tempi della giovinezza non mi accadeva. In segno di riconoscenza l'ho spesso dipinta e cantata, cercando in molti modi di ricambiarle ciò che mi dava e ciò che era per me.

Se io fossi rimasto solo, non avessi trovato un'altra compagna per la vita, non sarei arrivato al punto di lasciare anche la casa Camuzzi, benché scomoda sotto molti aspetti per un uomo d'età e non più in salute. In quella casa fiabesca ho anche molto sofferto il freddo e altre afflizioni d'ogni genere. Perciò negli ultimi anni era di quando in quando affiorata, senza essere mai presa sul serio, l'idea di poter forse cambiar casa un'altra volta, comprandone una o prendendola in affitto o addirittura costruendola, per avere nella vecchiaia un ricovero più agiato e più sano. Erano desideri e fantasie, null'altro.

Ed ecco che la bella fiaba si fece realtà: durante una serata a Zurigo, nella primavera del 1930, mentre si chiacchierava, caduto il discorso sulle case e sul costruire, si accennò anche al mio desiderio di una casa. Ed ecco che d'un tratto l'amico B. mi guardò ridendo ed esclamò: «Lei l'avrà, la casa!».

Era, così mi sembrò, anche quello uno scherzo, un simpatico scherzo di una serata conviviale. Ma lo scherzo è divenuto realtà, e la casa di cui un tempo sognavamo per gioco ora è qui, straordinariamente grande e bella, a mia disposizione per tutto il resto della mia vita. Mi accingo un'altra volta all'impresa di metterla su, di nuovo «per tutta la vita», e stavolta lo sarà probabilmente per davvero.

Ci sarà tempo più tardi per scrivere la sua storia, che è appena incominciata. Oggi c'è altro da fare. Vogliamo toccare i nostri bicchieri in un brindisi, guardare negli occhi gli amici buoni e generosi e ringraziarli. Alla loro salute e alla nuova casa vogliamo vuotare i calici.

TARDA ESTATE

Ancora dona la tarda estate giorni
pieni di dolce calore. Sopra gli ombrelli dei fiori
si libra qua e là con stanco battito d'ali
una farfalla e risplende come oro vellutato.

Le sere e le mattine respirano umide
di sottili nebbie ancora tiepide.
Dal gelso con improvvisa luce
vola nel delicato azzurro una foglia gialla e grande.

La lucertola riposa sulla pietra soleggiata,
nell'ombra delle frasche l'uva si nasconde.
Incantato sembra il mondo, costretto ad esistere nel sonno,
nel sogno, e ti esorta a non destarlo.

Così a volte per lenti ritmi si culla
irrigidito ad eternità dorata, finché svegliandosi si sottrae
all'incanto e ritrova il presente e il coraggio del futuro.

Noi vecchi stiamo vendemmiando alla spalliera
e ci riscaldiamo le mani abbronzate dall'estate.
Ancora ride il giorno, ancor non è finito,
ancor ci trattiene e ci lusinga l'oggi e il terreno.

140

Ogni conoscenza e ogni ampliamento del nostro sapere non termina con un punto finale, ma con un punto interrogativo. Un sovrappiù di conoscenza significa un sovrappiù di domande, e ognuna di queste viene di continuo dissolta da nuovi interrogativi.

La gioventù se n'è fuggita
non si è più sani.
In primo piano
si fa largo la riflessione.

Abbiamo vissuto dolore e malattia, abbiamo perso amici per colpa della morte, e la morte non ha bussato solo dall'esterno alla nostra finestra, ha compiuto anche dentro di noi il suo lavoro e ha fatto progressi. La vita, che una volta era così scontata, è diventata un bene prezioso, continuamente in pericolo; l'ovvio possesso si è trasformato in un prestito di incerta durata. Ma il prestito dalla scadenza indefinita non ha affatto perso il suo valore, il pericolo lo ha al contrario elevato. Noi amiamo la vita come prima e vogliamo restarle fedeli, anche per amore e per amicizia, che come un buon vino con gli anni non perde di pregio bensì ne acquista.

Non sappiamo noi che il nostro destino ci è congenito e inevitabile, e tuttavia non ci aggrappiamo tutti, con la più ardente intensità, all'illusione della scelta, del libero volere? Forse che ciascuno di noi, quando sceglie il medico per la sua malattia, la professione e il domicilio, l'amante e la sposa, non potrebbe affidare tutto ciò, con gli stessi e forse con migliori risultati, al puro caso? Eppure non sceglie forse ugualmente, non dedica ugualmente una gran quantità di passione, di fatica, di affanno a tutte queste cose? Può darsi che lo faccia ingenuamente, con passionalità infantile, credendo nel proprio potere, convinto dell'influenzabilità del destino; ma può anche darsi che lo faccia con scetticismo, profondamente persuaso dell'inanità dei suoi sforzi, ma convinto, non meno, che agire e perseguire, scegliere e tormentarsi sono più belli, più vivi, più salutari o perlomeno più divertenti che non l'irrigidirsi in una rassegnata passività.

Non lasciare mai cadere oziosamente le mani,
non restare mai fermo a mezza via.
Se vuoi bere a mezzogiorno il vino,
vai per tempo in cantina.

NATALE E DUE STORIE INFANTILI

Prima di andare a letto, accesi di nuovo la lampada e gettai ancora uno sguardo al tavolo dei regali; e come i bambini alla vigilia di Natale portano con sé in camera da letto e, se possibile, a letto alcuni dei loro doni, presi anch'io qualcosa, per averla ancora un po' accanto e osservarla prima di addormentarmi. Erano i regali dei miei nipoti: da Sybille, la più piccola, uno straccio della polvere; da Simeli un piccolo disegno, una casa colonica con sopra un cielo stellato; da Christine due illustrazioni a colori del mio racconto del lupo; un dipinto eseguito con una certa energia da Eva e una lettera scritta con la macchina da scrivere del padre da Silver, il suo fratellino di dieci anni. Portai queste cose di là nello studio, dove lessi ancora una volta la lettera di Silver, poi la deposi e salii le scale verso la mia stanza da letto, lottando contro una pesante stanchezza. Tuttavia per lungo tempo non riuscii ad addormentarmi, gli eventi e le immagini della serata mi tenevano desto, e le serie di immagini, impossibili da allontanare, finivano ogni volta con la lettera di mio nipote che così diceva:

Caro nonno, ora voglio scrivere per te una piccola storia. Si intitola: Per il buon Dio.

Paul era un fanciullo devoto. A scuola aveva già sentito tante cose sul buon Dio e ora voleva regalargli qualcosa. Paul guardò tutti i suoi giocattoli, ma nessuno gli piacque. Giunse il suo compleanno ed egli ricevette molti doni, fra i quali vide una moneta. Allora esclamò: Questa la regalo al buon Dio, e poi disse: vado fuori nel campo, dove conosco un bel posticino, là il buon Dio la vedrà e verrà a prenderla. Paul si diresse verso il campo e quando vi giunse vide una vecchina, che era costretta ad appoggiarsi a un bastone. Egli si rattristò e le diede la moneta, dicendo: Per essere sinceri, era destinata al buon Dio. Tanti saluti da Silver Hesse.

Quella sera non mi riuscì più di evocare il ricordo che il racconto di mio nipote risvegliava in me. Soltanto il giorno dopo riemerse da solo. Mi ricordai che nella mia infanzia, alla stessa età di mio nipote, a dieci anni quindi, avevo anch'io scritto una storia per regalarla a mia sorella più piccola in occasione del compleanno. A parte alcuni versi infantili fu l'unica opera poetica – anzi l'unico tentativo letterario – della mia infanzia che si è conservato. Io stesso per molti decenni non ne seppi più nulla, ma alcuni anni fa, non so in quale occasione, questa prova infantile mi è tornata tra le mani, probabilmente grazie a mia sorella. E benché riuscissi ancora solo vagamente a ricordarmene, mi pareva che avesse una qualche somiglianza o affinità con la storia scritta per me più di sessant'anni dopo da mio nipote. Ma anche se sapevo per certo che il racconto era in mio possesso, come potevo trovarlo? Ovunque cassetti pieni zeppi, cartellette legate insieme e mucchi di lettere con indirizzi ormai vecchi o comunque non più leggibili, ovunque carta scritta e stampata di anni e di decenni addietro, conservata perché non si era saputo decidere di gettarla, conservata per rispetto, per scrupolosità, per mancanza di coraggio e risolutezza, per sopravvalutazione di quanto scritto, che un giorno avrebbe potuto essere «materiale prezioso» per nuovi lavori, conservata e sepolta come vecchie signore sole serbano casse e solai pieni di scatole e scatolette con lettere, fiori pressati, riccioli di bambino. Anche se nel corso dell'anno si bruciano quintali di carta, tantissima se ne accumula intorno a un letterato, che solo raramente ha cambiato abitazione e che comincia a invecchiare.

Ma io ora mi ero intestardito nel desiderare di rivedere quel racconto, non fosse altro per confrontarlo a quello del mio collega e coetaneo Silver o forse per trascriverlo e inviarglielo come dono in contraccambio. Tormentai me e mia moglie per un giorno intero, e infine lo trovai nel posto più probabile. La storia è stata scritta nel 1887 a Calw e si intitola:

I due fratelli
(per Marulla)

C'era una volta un padre che aveva due figli. Uno era bello e forte, l'altro piccolo e deforme, per cui il grande disprezzava il piccolo. Ciò non piaceva affatto al più giovane, ed egli decise di andare in giro per il grande mondo. Quando si fu allontanato di un buon tratto, incontrò un uomo su un carro e chiese a questi dove andasse, il barrocciaio disse che doveva portare i tesori dei nani in una montagna di cristallo. Il piccolo chiese quale fosse il compenso. Gli fu risposto che come ricompensa riceveva alcuni diamanti. Allora il piccolo volle andare anche lui dai nani. Per questo chiese al carrettiere se pensava che i nani fossero disposti ad accoglierlo. L'uomo disse che non lo sapeva, tuttavia prese con sé il piccolo. Giunsero infine alla montagna di cristallo, e il guardiano dei nani ricompensò ampiamente il carrettiere per la sua fatica e lo congedò. Poi notò il piccolo e gli

144

chiese che cosa volesse. Il giovane gli raccontò tutto e il nano disse semplicemente di seguirlo. I nani lo accolsero volentieri ed egli condusse una vita splendida.

Ora però curiamoci anche dell'altro fratello. Questi visse a lungo e bene a casa sua. Ma una volta diventato adulto, andò a fare il soldato e dovette partire per la guerra. Fu ferito al braccio destro e fu costretto a mendicare. Così anche il povero giunse un giorno alla montagna di cristallo e vide là fermo uno storpio, ma non immaginò che fosse il fratello. Quello però lo riconobbe subito e gli chiese che cosa volesse. «Oh, mio signore, io mi accontento di una crosta di pane, talmente sono affamato.» «Vieni con me» disse il piccolo, e andarono in una grotta, le cui pareti scintillavano di puri diamanti. «Puoi prenderne una manciata, se riesci a staccare le pietre senza aiuto» fece lo storpio. Il mendicante cercò allora con l'unica mano sana di staccare un pezzo della roccia di diamante, ma naturalmente non vi riuscì. Il piccolo gli disse: «Forse hai un fratello; ti permetto di farti aiutare da lui». Allora il mendicante cominciò a piangere e disse: «Sì, una volta avevo un fratello, piccolo e deforme, come Voi, ma così buono e gentile che mi avrebbe di certo aiutato, però io l'ho trattato così duramente, e da lungo tempo ormai non ho più sue notizie». Allora il piccolo disse: «Sono proprio io il tuo fratello minore e tu non dovrai più trovarti nel bisogno. Rimani con me».

L'esistenza di una somiglianza o affinità fra la mia favola e quella di mio nipote e collega non è di certo l'invenzione di un nonno. Un qualsiasi psicologo di medio valore interpreterebbe le due prove infantili press'a poco in tal senso: ognuno dei due narratori va identificato con l'eroe della propria storia, e sia Paul, il bambino devoto, che il piccolo storpio si inventano due desideri da soddisfare, vale a dire in primo luogo una massiccia pioggia di doni – giocattoli e monete o un'intera montagna di pietre preziose e una vita protetta presso i nani, quindi fra pari, lontano dai grandi, dagli adulti, dai normali. Inoltre ognuno dei narratori inventa anche per sé un riconoscimento morale, una corona di virtù, perché pietoso dona al povero il suo tesoro (cosa che in verità né il vecchio decenne né il nuovo decenne avrebbero fatto). Può ben darsi, non ho niente da obiettare. Tuttavia mi sembra anche che l'esaudimento dei desideri si compia nell'ambito dell'immaginario e del ludico: per lo meno posso dire di me che all'età di dieci anni non ero né capitalista né gioielliere e certamente non avevo mai visto con cognizione di causa un diamante. Per contro mi erano già note alcune favole dei Grimm e forse anche Aladino e la lanterna magica, e la montagna di pietre preziose era per un bambino non tanto un'immagine di ricchezza quanto un sogno di straordinaria bellezza e di magica potenza. E mi sembra anche significativo che nella mia fiaba non comparisse nessun buon Dio, sebbene fosse con ogni probabilità più naturale e reale per me che per mio nipote, il quale solo «a scuola» ha cominciato a interessarsene.

Peccato che la vita sia così breve e così carica di doveri e compiti contingenti, in apparenza importanti e inevitabili; a volte al mattino non si osa quasi lasciare il letto, perché si sa che la grande scrivania trabocca ancora di lettere che aspettano una risposta e che durante la giornata la posta raddoppierà ancora il mucchio. Altrimenti con entrambi i manoscritti infantili ci sarebbe da intraprendere qualche gioco divertente e di riflessione. Ad esempio, niente mi sembrerebbe più appassionante di un'analisi comparativa dello stile e della sintassi delle due prove. Ma per giochi così piacevoli ora la nostra vita non è lunga abbastanza. Inoltre non sarebbe forse opportuno influenzare, attraverso analisi e critiche, lode o biasimo lo sviluppo del più giovane di sessantatré anni fra i due autori. Perché è lui che può ancora combinare qualcosa, non certamente il vecchio.

FOGLIA APPASSITA

Ogni fiore vuol diventare frutto,
ogni mattino sera,
di eterno sulla terra non vi è
che il mutamento, che il transitorio.

Anche l'estate più bella vuole
sentire l'autunno e la sfioritura.
Foglia, fermati paziente,
quando il vento ti vuole rapire.

Fai la tua parte e non difenderti,
lascia che avvenga in silenzio.
Lascia che il vento che ti spezza
ti sospinga verso casa.

SULLA VECCHIAIA

L'età avanzata è un gradino della nostra esistenza che
come tutti gli altri ha una fisionomia propria, una sua
propria atmosfera e temperatura, delle gioie e delle miserie
tutte sue. Noi, vecchi dai capelli bianchi, abbiamo, come
tutti gli altri nostri più giovani fratelli umani, un compito
che dà senso alla nostra vita; perfino un ammalato di
malattia mortale, un moribondo, che nel suo letto riesce
appena ad avvertire ancora un richiamo dal mondo di qua,
ha il suo compito, deve assolvere qualcosa di importante e
di necessario. Essere vecchi è un compito altrettanto bello e
santo quanto essere giovani; imparare a morire e morire
sono una funzione altrettanto preziosa di ogni altra, a patto
che sia compiuta con rispetto per il significato sacro di ogni
vita. Un vecchio capace di odiare soltanto e di temere la
vecchiaia, i capelli bianchi e l'approssimarsi della morte,
non è un degno rappresentante della sua età, così come non

lo è un uomo giovane e forte che odia il suo mestiere e il suo quotidiano lavoro e cerca di sottrarvisi.

Diciamo in breve: per poter tener fede da vecchi alla propria natura e assolvere il proprio compito, occorre essere d'accordo con l'età e con tutto ciò ch'essa reca con sé; bisogna dire a tutto questo di sì. Senza quel sì, senza la rassegnazione a ciò che la natura esige da noi, il pregio e il senso dei nostri giorni – sia che siamo vecchi, sia che siamo giovani – vanno perduti, e noi defraudiamo la vita.

Tutti sanno che la vecchiaia porta con sé acciacchi e che alla sua fine sta la morte. Anno per anno occorre fare sacrifici e piegarsi a rinunce. Bisogna imparare a diffidare dei propri sensi e delle proprie forze. Il tratto di strada che fino a poco fa costituiva ancora una piccola passeggiata si fa lungo e faticoso, e un brutto giorno non riusciamo più a percorrerlo. Al cibo che per tutta la vita abbiamo mangiato così di gusto dobbiamo rinunciare. Le gioie e i piaceri del corpo si fanno più infrequenti e devono essere pagati sempre più cari. E poi tutti gli acciacchi e le malattie, l'indebolimento dei sensi, la paralisi degli organi, gli innumerevoli dolori, specialmente nelle notti spesso così lunghe e angosciose... son tutte cose che non si possono negare, è una amara realtà. Ma triste e miserabile sarebbe solo abbandonarsi a questo processo di decadimento senza vedere che anche la vecchiaia ha il suo lato buono, i suoi vantaggi, le sue fonti di consolazione, le sue gioie. Quando due persone anziane s'incontrano, non dovrebbero parlare solo della maledetta gotta, delle membra rigide, e del fiato che manca al salir delle scale, non dovrebbero a vicenda comunicarsi solamente le sofferenze e le arrabbiature, ma anche gli avvenimenti e le esperienze gaie e confortanti. E ce ne sono molti.

Se rammento questo lato positivo e bello della vita del vecchio, e avverto che noi canuti conosciamo anche sorgenti di forza, di pazienza e di gioia che non trovano posto nell'esistenza dei giovani, non spetta però a me parlare dei conforti della religione e della chiesa. Questo è compito del sacerdote. Ma ben posso con animo riconoscente nominare alcuni dei doni che la vecchiaia ci dà. Il più caro è per me il tesoro di immagini che portiamo nella memoria dopo una lunga esistenza, e a cui con lo scemare dell'attività ci volgiamo con tutt'altra attenzione di prima. Volti e figure di uomini che non sono più sulla terra da sessanta o settant'anni continuano a vivere in noi, ci appartengono, ci fanno compagnia, ci guardano con occhi vivi. Case, giardini e città che nel frattempo sono spariti o si sono completamente trasformati li vediamo intatti com'erano un tempo; e lontani monti e coste marittime visti in viaggio decenni or sono li ritroviamo freschi e colorati nel nostro libro d'immagini. Il guardare, l'osservare e il contemplare divengono sempre più abitudine ed esercitazione, e inavvertitamente l'attitudine morale e materiale dell'osservatore compenetra tutto il nostro contegno. Incalzati da desideri, sogni, bramosie, passioni, come la più parte degli uomini, abbiamo percorso infiammati, impazienti, ansiosi, pieni di aspettativa, gli anni e i decenni della nostra vita, violentemente commossi da adempimenti o da delusioni, e oggi, sfogliando cautamente il grosso libro illustrato della nostra esistenza, ci meravigliamo di come possa essere bello e buono essere sfuggiti a quella caccia, a quella furia, essere pervenuti alla vita contemplativa. Qui, nel giardino della vecchiaia, fioriscono certi fiori, a curare i quali un tempo non avremmo pensato. Qui fiorisce la pazienza, una nobile pianta; diventiamo più calmi, più indulgenti, e quanto minore si fa la nostra brama di afferrare e di agire, tanto più grande diventa la nostra capacità di stare a guardare e a sentire la vita della natura e degli uomini, lasciando che essa ci scorra davanti senza criticarla, con sempre nuova meraviglia per la sua varietà: a volte, con partecipazione e con tacito rincrescimento, a volte ridendo, con chiara gioia, con senso d'umorismo.

Me ne stavo recentemente in giardino, avevo acceso un falò e lo alimentavo di foglie e di rami secchi. Una vecchia, che avrà avuto circa ottanta anni, passò lungo la siepe di biancospino, si fermò e mi guardò. Io la salutai, allora rise e disse: «Ha fatto benissimo, ad accendere quel focherello. Alla nostra età bisogna pure abituarsi poco per volta all'inferno». Ed ecco intonato così un discorso durante il quale ci lamentammo l'uno con l'altra di ogni sorta di dolori e di privazioni, ma sempre in tono scherzoso. E alla fine del trattenimento ammettemmo di non essere poi, nonostante tutto, così terribilmente vecchi: e che a malapena ci si poteva comprendere tra i veri vegliardi, fintantoché viveva nel nostro villaggio la nostra decana, la centenaria.

Quando i giovanissimi dall'alto della loro forza e della loro incoscienza ci scherniscono perché trovano comici la nostra andatura faticosa e quei pochi capelli bianchi e i colli tendinosi, ci ricordiamo di come un tempo, in possesso della stessa forza e della stessa incoscienza, abbiamo riso anche noi allo stesso modo; e non ci sentiamo per questo inferiori e sconfitti, bensì ci rallegriamo d'essere fuori di quell'età e di essere divenuti un po' più assennati e tolleranti.

FINE AGOSTO

Ancora una volta l'estate, cui abbiamo già rinunciato, ha ripreso forza.
Risplende, concentrata in giorni più brevi,
si vanta del sole infocato e senza nuvole.

Così possa un uomo alla fine dei suoi sforzi,
quando deluso già si è ritratto,
ancora una volta all'improvviso affidarsi ai flutti,
rischiando nel balzo la restante sua vita.

Sia che si consumi in un amore,
sia che si prepari per un'opera tarda,
nelle sue azioni, nelle sue passioni risuona

profonda e limpida come l'autunno la sua conoscenza della
[fine.

L'età avanzata ha parecchi incomodi, ma ha anche i suoi doni, e uno è lo strato protettivo di oblio, di stanchezza, di rassegnazione che lasciamo crescere tra noi e i nostri problemi e le nostre sofferenze. Può essere inerzia, rammollimento, cattiva indifferenza, ma può anche essere, vista sotto una luce diversa, serenità, pazienza, umorismo, alta saggezza e Tao.

L'età aiuta a superare molte cose, e quando un uomo anziano scuote il capo o mormora un paio di parole, gli uni vi vedono una serena saggezza, gli altri semplicemente la fossilizzazione; e se il suo comportamento nei confronti del mondo sia in fondo il risultato di esperienza e di saggezza o solo la conseguenza di disturbi circolatori rimane un problema insoluto, anche da parte del vecchio stesso.

Che i giovani si mettano volentieri un po' in mostra e così facendo possano osare ciò che i vecchi non sono più in grado di fare, non è in fin dei conti insopportabile. L'intera faccenda peggiora però nell'infelice momento in cui il vecchio, il debole, il conservatore, la testa calva, il seguace della vecchia moda prende tutto ciò in maniera personale e si dice: certamente lo fanno solo per irritarmi! A partire da questo momento la situazione diventa insopportabile e chi la pensa così è perso.

Io sono un vecchio e mi piace la gioventù, ma mentirei se dovessi dire che essa mi interessa fortemente. Per le persone anziane, soprattutto in tempi di così dure prove come questi, vi è solo un tema interessante: quello dello spirito, della fede, del tipo di sensibilità e di religiosità che si dimostra in grado di affrontare i dolori e la morte. Essere all'altezza dei dolori e della morte è compito della vecchiaia, essere entusiasti, partecipi ed eccitati è lo stato d'animo della gioventù. Entrambi possono familiarizzare l'un con l'altro, tuttavia parlano due linguaggi differenti.

La storia universale viene in sostanza fatta dai primitivi e dai giovani, che causano la spinta in avanti e l'accelerazione, nel senso piuttosto teatrale della massima di Nietzsche «Ciò che vuol cadere, deve anche essere colpito» (lui, il sensibile per eccellenza, mai avrebbe potuto assestare questo colpo a un uomo o a un animale). Ma occorrono anche, perché la storia conservi isole di pace e rimanga sopportabile, l'indugio e la conservazione come forze antagoniste: questo compito spetta ai civilizzati e ai vecchi. Prenda pure l'essere umano, che abbiamo in mente e a cui tendiamo, strade diverse dalle nostre e si sviluppi in belva o formica, rimane comunque nostro compito aiutare a rallentare il più possibile questo processo. Inconsciamente persino le forze attive del mondo fanno valere questa tendenza opposta, occupandosi – seppur goffamente – delle attività culturali, accanto agli armamenti e agli altoparlanti della propaganda.

Il pathos è una bella cosa, e spesso si addice meravigliosamente ai giovani. Per le persone più anziane sono più adatti lo humour, il sorriso, l'ironia, la trasformazione del mondo in spettacolo, la contemplazione delle cose come se fossero giochi fugaci di nuvole vespertine.

INVECCHIANDO

È facile essere giovane e agire bene,
e tenersi lontano da ogni meschinità;
ma sorridere, quando già rallenta il battito del cuore,
questo va appreso.

E colui che vi riesce non è vecchio.
Ama ancora appassionatamente
e unisce con la forza della mano
i poli del mondo.

Poiché vediamo là la morte in attesa,
non fermiamoci.
Le andremo incontro,
la scacceremo.

La morte non è né là né qui,
è su tutti i sentieri.
È in te e in me,
non appena tradiamo la vita.

ARMONIA DI MOVIMENTO E QUIETE

Per la maggior parte delle persone anziane la primavera non è un buon periodo; essa provò fortemente anche me. Le polverine e le punture del medico servivano a poco; i dolori aumentavano rigogliosi come i fiori nell'erba, e le notti erano difficili da superare. Tuttavia quasi ogni giorno portava, nelle brevi ore in cui potevo stare fuori, pause di oblio e di abbandono al miracolo della primavera, e talvolta momenti di incanto e di rivelazione, su ognuno dei quali varrebbe la pena di soffermarsi e riflettere, se fosse possibile, se questo prodigio e queste rivelazioni si lasciassero descrivere e trasmettere. Giungono di sorpresa, durano secondi o minuti, questi eventi, in cui un fenomeno della vita della natura ci parla e si rivela a noi. E se si è abbastanza vecchi, è come se l'intera vita con gioie e dolori, passioni e riconoscimenti, con amicizie, amori, con libri, musica, viaggi e lavori non fosse stata niente altro che una strada più lunga verso la maturazione di questi attimi, in cui nell'immagine di un paesaggio, di un albero, di un viso umano, di un fiore si mostra a noi Dio, si offrono a noi il senso e il valore di ogni esistenza e di ogni accadimento. E in effetti anche se negli anni giovanili abbiamo probabilmente vissuto in maniera più violenta ed entusiasta lo spettacolo della fioritura di un albero, di un temporale, delle nuvole che si addensano, è necessaria per l'evento che io intendo proprio l'età avanzata; è necessaria una interminabile summa di avvenimenti, esperienze, pensieri, sensazioni, sofferenze; è necessaria una certa rarefazione degli impulsi vitali, una certa fiacchezza e prossimità alla morte per percepire in una piccola rivelazione della natura il Dio, lo spirito, il mistero, la coincidenza degli opposti, la grande unità. Anche i giovani possono fare una simile esperienza, certamente, ma più di rado e senza questa unità di sensazione e pensiero, di evento fisico e spirituale, di eccitamento e di consapevolezza.

Ancora durante la nostra secca primavera, prima che giungessero le piogge e la lunga serie di temporali, mi soffermavo spesso in un punto della mia vigna, dove verso questo periodo accendo il mio falò su un pezzo di terreno non ancora rivoltato. Là, nella siepe di biancospino che delimita il giardino, è cresciuto da anni un faggio, all'inizio un arbustello nato da semi dispersi dal bosco; per tanto tempo lo avevo lasciato stare solo in via provvisoria e piuttosto controvoglia: mi dispiaceva per il biancospino, ma poi il piccolo e tenace faggio prosperò così bene che lo accolsi in maniera definitiva, e ora è già un robusto alberello, e oggi mi è doppiamente caro, perché il vecchio imponente faggio, il mio albero preferito in tutto il bosco vicino, è stato da poco abbattuto; enormi e massicci come tamburi di una colonna giacciono ancora laggiù le parti del suo tronco segato. Un figlio di quel faggio è probabilmente il mio alberello.

Sempre mi ha rallegrato e impressionato con quale tenacia il piccolo faggio tiene strette le sue foglie. Quando ogni cosa è da tempo spoglia, si erge ancora nel suo manto di foglie appassite per tutto dicembre, gennaio e febbraio; la tempesta lo squassa; la neve gli cade sopra e poi vi sgocciola; le foglie secche, inizialmente brune, si fanno sempre più chiare, sottili, seriche, ma l'albero non le abbandona, esse devono proteggere le nuove gemme. Poi in un qualche giorno di ogni primavera, ogni volta più tardi di quanto ci si aspettava, l'albero di colpo si presentava diverso, aveva perso il vecchio fogliame e al suo posto aveva messo le novelle e tenere gemme imperlate di umidità. Stavolta fui testimone di questa metamorfosi. Avvenne subito dopo che la pioggia aveva reso il paesaggio verde e fresco, un'ora pomeridiana verso la metà di aprile; io non avevo ancora sentito nel corso dell'anno un cuculo e non avevo scoperto nel prato nessun narciso. Solo pochi giorni prima me ne ero rimasto fermo qui nel forte vento del nord, rabbrividendo e con il bavero alzato, e avevo osservato con ammirazione come il faggio si ergeva imperturbabile nel vento travolgente, cedendo appena qualche fogliolina; tenace e coraggioso, forte e caparbio, teneva stretto il suo vecchio e sbiadito fogliame.

E adesso, oggi, mentre nel dolce calore senza vento me ne stavo presso il falò a spezzare legna, lo vidi: si levò un leggero e dolce alito di vento, solo un soffio, e a centinaia e a migliaia volarono via le foglie così a lungo risparmiate, senza rumore, leggere, docili, stanche della loro tenacia, stanche della loro resistenza e del loro valore. Ciò che per cinque, sei mesi aveva retto e opposto resistenza, soggiacque in pochi minuti a un niente, a un alito, perché era giunto il tempo, perché l'estrema tenacia non era più necessaria. Si disperse e volò via, sorridendo, pronto, senza lottare. Il venticello era troppo debole per sospingere molto lontano le piccole foglie fattesi così leggere e sottili; come una pioggia sommessa caddero al suolo e coprirono sentiero ed erba ai piedi dell'alberello, fra le cui gemme un paio si erano già schiuse ed erano diventate verdi. Che cosa mi si era rivelato in questo spettacolo inatteso e toccante? Era la morte, la morte compiutasi con facilità e docilità del fogliame invernale? Era la vita, la giovinezza prorompente ed esultante delle gemme, che si era fatta largo con volontà improvvisa? Era un'esortazione per me, vecchio, a lasciarmi andare e cadere, un ammonimento al fatto che forse toglievo spazio ai giovani e ai più forti? O un invito a resistere come le foglie del faggio, a reggermi sulle gambe il più a lungo e tenacemente possibile, a oppormi e resistere, perché poi, al momento opportuno, il congedo sia facile e sereno? No, era, come ogni visione, un'apparizione del grande e dell'eterno, della simultaneità degli opposti, del loro fondersi nel fuoco della realtà; non significava nulla, non rammentava nulla, piuttosto significava tutto, significava il segreto dell'esistenza; ed era bellezza, era felicità, era messaggio, era dono e scoperta per chi guardava, come lo è un orecchio pieno di Bach, un occhio pieno di Cézanne. Questi nomi e queste interpretazioni non costituivano l'esperienza, venivano solo dopo, l'esperienza stessa era solo apparenza, miracolo, mistero, tanto bello quanto serio, tanto leggiadro quanto inesorabile.

Nello stesso luogo, presso la siepe del biancospino e accanto al faggio, dopo che nel frattempo il mondo era diventato verde vivo e nella domenica di Pasqua era risonato nel nostro bosco il primo richiamo del cuculo, in una di quelle giornate di temporale, instabili, ventose e cariche di tiepida umidità, che già preparano il balzo dalla primavera all'estate, il grande mistero mi parlò in un evento visivo non meno simbolico. Nel cielo grevemente nuvoloso, che tuttavia lanciava di continuo accecanti lampi di sole nel verde germogliante della valle, ebbe luogo un grande spettacolo di nubi; il vento sembrò soffiare da ogni parte nel medesimo momento, anche se la direzione prevalente era da sud a nord. Inquietudine e passione riempivano l'atmosfera di forti tensioni. E nel mezzo dello scenario, imponendosi all'improvviso al mio sguardo, si erse nuovo nel giardino vicino un albero, un albero giovane e bello, un pioppo dalle nuove fronde. Spuntava come un razzo, agitandosi elastico, con la cima aguzza, ora saldamente chiuso come un cipresso nelle brevi pause del vento, ora gesticolante con centinaia di rami sottili leggermente separati, simili a denti di un pettine, quando il vento si alzava di nuovo. Tra il luccichio delle foglie dolcemente bisbiglianti dondolava avanti e indietro e s'impennava la cima dello splendido albero, fiero della propria forza e della propria verde giovinezza, oscillando sommesso come l'ago di una bilancia, ora cedevole come per gioco, ora scattante protervamente all'indietro (solo molto più tardi mi venne in mente che già una volta, decenni prima, avevo osservato con tutti i miei sensi questo gioco su un ramo di pesco, descrivendolo poi in una poesia, *Il ramo in fiore*).

Con gioia e senza paura, anzi spavaldamente, il pioppo abbandonò i rami e la veste di foglie al vento umido che stava crescendo violentemente, e la melodia che introdusse nel giorno tempestoso e il messaggio che scrisse nel cielo con la sua cima aguzza era bellezza, era perfezione, era gioia e solennità, era attività e sottomissione, gioco e destino; conteneva ancora una volta tutti i contrasti e tutte le contraddizioni. Non il vento era vittorioso e potente, perché riusciva a scuotere e a piegare in quel modo l'albero; non l'albero era vittorioso e potente, perché elastico e trionfante riusciva a scattare indietro da ogni incurvamento: era il gioco di entrambi, la concordanza di movimento e quiete, di forze celesti e terrene. La danza, infinitamente ricca di gesti, della cima dell'albero nella tempesta era ormai solo rappresentazione, solo rivelazione del mistero del mondo, al di là della forza e della fragilità, del bene e del male, dell'agire e del subire. Per un po' di tempo, una breve eternità, vi lessi rappresentato in modo puro e perfetto – più puro e perfetto che se leggessi Anassagora o Lao Tse – ciò che altrimenti rimarrebbe nascosto e misterioso. E anche qui mi parve nuovamente che per guardare questa immagine e leggere questo scritto fosse necessario non solo il dono di un'ora primaverile, bensì anche gli affanni, gli errori, le follie e le esperienze, le gioie e i dolori di moltissimi anni e decenni, e sentii il caro pioppo, che mi regalava questa visione, come un bambino, inesperto e ignaro. Ancora molti geli dovevano fiaccarlo, molte tempeste squassarlo e molti fulmini sfiorarlo e ferirlo, per renderlo forse un giorno anch'esso capace di vedere e ascoltare e per suscitare in lui il desiderio di conoscere il grande mistero.

PRECOCE AUTUNNO

Già vi è odor acre di foglie appassite,
i campi di grano sono vuoti e senza vita;
sappiamo: uno dei prossimi temporali
spezzerà la nostra stanca estate.

I baccelli di ginestra crepitano. All'improvviso
ci apparirà tutto lontano e fiabesco
ciò che oggi crediamo di tenere in mano,
e per magia svanito ogni fiore.

Trepido cresce nell'anima spaventata un desiderio:
che non si attacchi troppo all'esistenza,
che viva la sfioritura come un albero,
che festa e colore non manchino al suo autunno.

Invecchiare in modo dignitoso e avere di volta in volta il contegno o la saggezza che si addice alla nostra età, è arte difficile; per lo più il nostro spirito corre avanti o indietro rispetto al corpo, e rientrano nelle correzioni di queste differenze quei sussulti del senso intimo della vita, quel tremore e quell'inquietudine alle radici, che di tanto in tanto ci assalgono nei momenti di svolta e nelle malattie. Mi sembra che nei loro confronti si possa essere piccoli e sentirsi piccoli, come i bambini che ritrovano nel modo migliore l'equilibrio dopo un turbamento attraverso il pianto e uno stato di debolezza.

La verità è un ideale tipicamente *giovanile*, l'amore invece è dell'uomo maturo e di colui che si sforza di essere di nuovo pronto al declino e alla morte. Negli uomini di pensiero l'entusiasmo per la verità ha termine solo quando percepiscono che l'uomo è assai poco portato alla comprensione della verità oggettiva, cosicché la ricerca della verità non può essere l'attività dell'uomo più conforme alla sua natura. Ma anche coloro che non giungono a simili convinzioni compiono nel corso della loro esperienza inconscia la stessa svolta. Possedere la verità, aver ragione, saper distinguere nettamente bene e male, e di conseguenza essere in grado e avere il diritto di giudicare, punire, condannare, fare la guerra – tutto questo è giovanile e si addice alla gioventù. Se invecchiando si rimane legati a simili ideali, si infiacchiscono le già deboli capacità che noi uomini abbiamo di «risvegliarci», di intuire vagamente la verità sovrumana.

Entrando nella nuova stanza della vita,
nel vestibolo della vecchiaia, un vecchio
le augura i doni che la vita ha da regalarci in

questo suo stadio: un'aumentata indipendenza dal
giudizio altrui, una maggiore inattaccabilità da
parte delle passioni, un indisturbato raccoglimento
dinanzi all'Eterno.

La mia vita, così all'incirca mi proposi, doveva essere un
trascendere, un progredire di gradino in gradino, un
attraversare e lasciarmi alle spalle spazio dopo spazio, come
una musica suona un tema dopo l'altro, un tempo dopo
l'altro, e svolti che li abbia se li lascia dietro senza mai
stancarsi o dormire, sempre desta, sempre presente con
tutte le sue parti. In rapporto all'esperienza del risveglio
avevo notato che esistono siffatti gradini e spazi e che di
volta in volta l'ultima parte d'un periodo di vita contiene un
tono di decadenza e di volontà di morte che conduce poi al
passaggio in un nuovo spazio, al risveglio, a un nuovo
inizio.

GRADINI

Come ogni fior languisce e giovinezza
cede a vecchiaia, anche la vita in tutti
i gradi suoi fiorisce, insieme ad ogni
senno e virtù, né può durare eterna.
Quando la vita chiama, il cuore sia
pronto a partire ed a ricominciare,
per offrirsi sereno e valoroso,
ad altri, nuovi vincoli e legami.
Ogni inizio contiene una magia
che ci protegge e a vivere ci aiuta.

Dobbiamo attraversare spazi e spazi
senza fermare in alcuni d'essi il piede,

lo spirto universal non vuol legarci
ma su di grado in grado sollevarci.
Appena ci avvezziamo ad una sede
rischiamo di infiacchire nell'ignavia;
sol chi è disposto a muoversi e partire
vince la consuetudine inceppante.

Forse il momento stesso della morte
ci farà andare incontro a spazi nuovi;
della vita il richiamo non ha fine...
Su, cuore mio, congedati e guarisci!

PARABOLA CINESE

Un vecchio di nome Chunglang, che vuol dire «mastro roccia», possedeva un piccolo podere fra le montagne. Un giorno gli accadde di perdere uno dei suoi cavalli. Vennero allora i vicini per manifestare la propria partecipazione a una tale disgrazia.

Ma il vecchio disse: «Chi vi ha detto che sia una disgrazia?». Ed ecco che alcuni giorni dopo ritornò il cavallo e portò con sé un intero branco di cavalli selvaggi. Di nuovo si presentarono i vicini con l'intenzione di congratularsi per questo colpo di fortuna.

Ma il vecchio della montagna replicò: «Chi vi ha detto che sia una fortuna?».

Da quando si era reso disponibile un così gran numero di cavalli, il figlio del vecchio cominciò a provar diletto nel cavalcare, e un giorno si ruppe una gamba. Allora tornarono i vicini per esprimere il proprio rincrescimento. E di nuovo il vecchio disse loro: «Chi vi ha detto che questa sia una disgrazia?».

L'anno dopo venne sui monti la commissione degli «spilungoni» per cercare uomini prestanti da porre al servizio dell'imperatore come cavastivali e lettighieri. Il figlio del vecchio, che aveva ancora la gamba offesa, non venne preso.

Chunglang non poté fare a meno di sorridere.

IL VECCHIO E LE SUE MANI

Faticosamente trascina il corso
della sua lunga notte,
attende, ascolta e veglia.
Davanti a lui giacciono sulla coperta
le sue mani, sinistra, destra,
stanche serve, rigide e legnose.
Ed egli ride
sommesso per non destarle.

Instancabili più degli altri
hanno lavorato,
quando ancora piene di vigore.
Molto resterebbe da fare,
eppure le docili compagne
vogliono riposare e terra diventare.
Di essere serve
sono stanche e cominciano ad avvizzire.

Sommessamente per non svegliarle,
sorride guardandole il padrone;
della lunga vita il cammino
sembra ora breve, e lungo il corso
di una notte... E mani infantili,
adolescenziali, virili
son così a vedersi la sera,
son così a vedersi alla fine.

Per essi, i giovani, sono giustamente molto importanti la propria esistenza, il proprio ricercare e soffrire. Per colui che è diventato vecchio, la ricerca si è rivelata una strada sbagliata e la vita un fallimento, se non ha trovato niente di oggettivo, niente che stia al di sopra di lui e delle sue pene, niente di assoluto o di divino da venerare, al cui servizio porsi e il cui servizio solo dà senso alla vita...

Il bisogno della gioventù è di potersi prendere sul serio. Il bisogno della vecchiaia è di sapersi sacrificare, perché al di sopra di essa vi è qualcosa da prendere seriamente. Non formulo volentieri atti di fede, ma credo davvero che una vita spirituale debba svolgersi fra questi due poli.

Poiché compito, desiderio e dovere della gioventù è il divenire, compito dell'uomo maturo è liberarsi di sé o, come dicevano un tempo i mistici tedeschi, di «entwerden». Si deve diventare un uomo completo, acquisire un vero carattere e patire i dolori di questa indentificazione, prima di poter dare in sacrificio questa personalità.

Il pensiero della morte ha il suo lato confortante. Credo che più si attenua la nostra vitalità, più diminuisce in fondo anche la nostra trepidazione di fronte alla vita. Più vicina e certa si sa la morte, meno si ha bisogno di chiamarla. Essa ci aspetta, insieme a coloro che ci hanno preceduti.

«Non mi occorre un'arma contro la morte, poiché la morte non esiste. Ma una cosa esiste: la paura della morte. Questa è possibile guarirla, contro di essa un'arma esiste.»

SORELLA MORTE

Anche da me giungerai un giorno,
non mi dimentichi,
s'infrange la catena
ed il tormento avrà una fine.

Sembri ancora lontana ed estranea
sorella morte,
sovrasti come stella gelida
al mio destino.

Ma un giorno ti farai vicina,
ricolma di fiamme sarai.
Vieni, amata, sono qui,
prendimi, sono tuo.

Fonti

p. 13   Cit. da *Demian* (1920), WA* 5, pp. 7 sg.; tr. di E. Pocar da *Romanzi*, Milano 1977.

14   *Bambino* (*Kleiner Knabe*): scritta nel 1960. Da *Die Gedichte* (*Le poesie*), Frankfurt a.M. 1977; tr. di T. Prina.

– *Dal tempo dell'infanzia* (*Aus Kinderzeiten*): scritto nel 1904. Da *Gesammelte Erzählungen* (*Tutti i racconti*), Frankfurt a.M. 1977; tr. di T. Prina.

34   *Il fanciullo e la primavera* (*Kind im Frühling*): scritto nel 1907. Da *Die Gedichte* (*Le poesie*); tr. di T. Prina.

35   *Un istante di risveglio* (*Ein Augenblick des Erwachens*): riproduzione parziale da *Erinnerung an Hans* (*Ricordo di Hans*). Scritto nel 1936, WA 10, pp. 199 sgg.; tr. di A. Ruschena Acatino da *Scritti autobiografici*, Milano 1961.

41   Cit. da *Demian*, WA 5, pp. 49 sg.; tr. cit.

42   *Due mondi* (*Zwei Welten*): da *Demian*, WA 5, pp. 9 sgg.; tr. cit.

58   Cit. da *Il taccuino di Sinclair* (*Sinclairs Notizbuch*), WA 11, pp. 34 sg.; tr. di E. Banchelli.

59   Cit. da *Demian*, WA 5, p. 37; tr. cit.

– Cit. da *Ausgewählte Briefe* (*Lettere scelte*), Frankfurt a.M. 1974, p. 330; tr. di T. Prina.

60   *Dal tempo della scuola* (*Aus meiner Schülerzeit*): scritto nel 1926. Riproduzione parziale da *Gedenkblätter* (*Fogli di memorie*), Frankfurt a.M. 1984, pp. 48 sgg.; tr. di A. Ruschena Acatino da *Scritti autobiografici*, cit.

* WA = Hesse Werkausgabe (Edizione dell'opera), Frankfurt a.M. 1970. Segue il numero del volume e quello della pagina.

p. 66 Cit. da *Eine Bibliothek der Weltliteratur* (*Una biblioteca della letteratura universale*), WA 11, pp. 335 sgg.; tr. di E. Pocar da *Saggi, poesie, scritti vari*, Milano 1965.

68 Cit. da *Expressionismus in der Dichtung* (*Espressionismo nella poesia*) WA 11, pp. 206 e 209; tr. di T, Prina.

– Cit. da *Ausgewählte Briefe* (*Lettere scelte*), cit., p. 392; tr. di T. Prina.

69 *La prima avventura* (*Das erste Abenteuer*): scritto nel 1906. Da *Gesammelte Erzählungen* (*Tutti i racconti*), cit., riproduzione parziale; tr. di T. Prina.

74 *Metamorfosi* (*Wandlung*): scritta nel 1912. Da *Die Gedichte* (*Le poesie*), cit.; tr. di T. Prina.

76 Cit. da *Ausgewählte Briefe* (*Lettere scelte*), cit., p. 68; tr. di T. Prina.

– Cit. da *Demian*, WA 5, p. 140; tr. cit.

– Cit. da *Gesammelte Briefe* (*Tutte le lettere*), vol. I, p. 210; tr. di T. Prina.

77 Cit. da ivi, p. 211; tr. di T. Prina.

78 Cit. da ivi, vol. III, pp. 116 sg., tr. di T. Prina.

– *Ciò che fai nella vita...* (*Was du im Leben leistest*): cit. da *Ausgewählte Briefe* (*Lettere scelte*), cit., pp. 259 sg.; tr. di T. Prina.

80 Cit. da *Gesammelte Briefe* (*Tutte le lettere*), vol. I, p. 179; tr. di T. Prina.

81 *Una sonata* (*Eine Sonate*): scritto nel 1906. Da *Gesammelte Erzählungen* (*Tutti i racconti*), cit.; tr. di T. Prina.

87 *Valzer brillante* (*Valse brillante*). Da *Die Gedichte* (*Le poesie*), cit.; tr. di T. Prina.

– Cit. da *Gertrud* (1910), WA 3, pp. 109 sg.; tr. di M.T. Mandalari, da *Gertrud*, Milano 1980.

88 Cit. da *Gesammelte Briefe* (*Tutte le lettere*), vol. 4, p. 92; tr. di T. Prina.

– *Sull'anima* (*Von der Seele*): scritto nel 1918. Da *Betrachtungen* (*Considerazioni*), WA 10, pp. 33 sgg.; tr. di T. Prina.

95 *Bhagavad Gita*: scritta nel 1914. Da *Die Gedichte* (*Le poesie*), cit.; tr. di T. Prina.

p. 96 Cit. da *Ausgewählte Briefe* (*Lettere scelte*), cit., p. 411, tr. di T. Prina.

– Cit. da una recensione in WA 12, p. 497; tr. di T. Prina.

– Cit. da *Ausgewählte Briefe* (*Lettere scelte*), cit., p. 150; tr. di T. Prina.

97 *Io so di certi che...* (*Ich weiß von solchen*): scritta nel 1928. Da *Die Gedichte* (*Le poesie*), cit.; tr. di T. Prina.

– *Alla memoria di mio padre* (*Zum Gedächtnis*): scritto nel 1916. Da *Gedenkblätter* (*Fogli di memorie*), WA 10, pp. 121 sgg.; tr. di A. Ruschena Acatino da *Scritti autobiografici*, cit.

109 *Senza pausa* (*Keine Rast*): scritta nel 1913. Da *Die Gedichte* (*Le poesie*), cit.; tr. di T. Prina.

– *Caducità* (*Vergänglichkeit*): riproduzione parziale da *Klingsors letzter Sommer* (*L'ultima estate di Klingsor*, 1920), WA 5, pp. 259, 299, 337 sgg.; tr. di B. Allason da *Romanzi brevi*, Milano 1961.

115 *Piena fioritura* (*Voll Blüten*): scritta nel 1918. Da *Die Gedichte* (*Le poesie*), cit.; tr. di T. Prina.

– Cit. da *Wanderung* (*Vagabondaggio*), 1920, WA 6, p. 137; tr. di T. Prina.

116 Cit. da *Psicologia balneare* (*Kurgast*), 1925, WA 7, p. 7; tr. di B. Allason in *Saggi, poesie, scritti vari*, cit.

– *Fine estate* (*Sommers Ende*): scritto nel 1926. Da *Kleine Freuden* (*Piccole gioie*), Frankfurt a.M. 1977, pp. 177 sgg.; tr. di T. Prina.

120 Cit. da *Gesammelte Briefe* (*Tutte le lettere*), vol. 2, p. 7; tr. di T. Prina.

121 Cit. da *Lektüre für Minuten* (*Letture da un minuto*), Frankfurt a.M. 1977, pp. 267 e 271; tr. di T. Prina.

– Cit. da una lettera inedita; tr. di T. Prina.

– *L'uomo di cinquant'anni* (*Der Mann von fünfzig Jahren*): scritta nel 1927. Da *Die Gedichte* (*Le poesie*), cit.; tr. di T. Prina.

122 *Entrando in una casa nuova* (*Beim Einzug in ein neues Haus*): scritto nel 1931. Leggermente abbreviato. Da *Gedenkblätter* (*Fogli di memorie*), WA 10, pp. 134 sgg.; tr. di A. Ruschena Acatino da *Scritti autobiografici*, cit.

140 *Tarda estate* (*Spätsommer*): scritta nel 1940. Da *Die Gedichte* (*Le poesie*), cit.; tr. di T. Prina.

p. 141 Cit. da *Gesammelte Briefe* (*Tutte le lettere*), vol. 3, p. 51; tr. di T. Prina.

– *Poesia burlesca inedita*; tr. di T. Prina.

– Cit. da *Lettere scelte* (*Ausgewählte Briefe*), cit., p. 478; tr. di T. Prina.

– Cit. da *Kurgast* (*Psicologia balneare*), WA 7, p. 17; tr. cit.

142 *Poesia burlesca inedita*; tr. di T. Prina.

– *Natale e due storie infantili* (*Weihnacht mit zwei Kindergeschichten*): scritto nel 1950. Riproduzione parziale. Da *Briefe an Freunde* (*Lettere ad amici*), Frankfurt a.M. 1977; tr. di T. Prina.

147 *Foglia appassita* (*Welkes Blatt*): scritta nel 1933. Da *Die Gedichte* (*Le poesie*), cit.; tr. di T. Prina.

– *Sulla vecchiaia* (*Über das Alter*): scritto nel 1952. Da WA 10, p. 354; tr. di A. Ruschena Acatino da *Scritti autobiografici*, cit.

150 *Fine agosto* (*Ende August*): scritta nel 1929. Da *Die Gedichte* (*Le poesie*), cit.; tr. di T. Prina.

151 Cit. da *Righi-Tagebuch* (*Diario dal Righi*), WA 8, p. 411; tr. di A. Ruschena Acatino da *Scritti autobiografici*, cit.

– Cit. da *Ausgewählte Briefe* (*Lettere scelte*), cit., p. 245; tr. di T. Prina.

– Cit. da *Gespräch über die Neutöner* (*Conversazione sui compositori di musica moderna*), WA 11, p. 227; tr. di T. Prina.

152 Cit. da *Ausgewählte Briefe* (*Lettere scelte*), cit., p. 143; tr. di T. Prina.

– Cit. da ivi, p. 510; tr. di T. Prina.

– Cit. da *Abendwolken* (*Nubi serali*), in *Die Kunst des Müßigangs* (*L'arte dell'ozio*), Frankfurt a.M. 1973, p. 228; tr. di T. Prina.

153 *Invecchiando* (*Im Altwerden*): scritta nel 1915. Da *Die Gedichte* (*Le poesie*), cit.; tr. di T. Prina.

– *Armonia di movimento e quiete* (*Einklang von Bewegung und Ruhe*): scritto nel 1952. Riproduzione parziale di *Aprilbrief* (*Lettera d'aprile*), WA 10, p. 294; tr. di T. Prina.

158 *Precoce autunno* (*Verfrühter Herbst*): scritta nel 1929. Da *Die Gedichte* (*Le poesie*), cit.; tr. di T. Prina.

159 Cit. da *Ausgewählte Briefe* (*Lettere scelte*), cit., p. 146; tr. di T. Prina.

p. 159 Cit. da *Gesammelte Briefe* (*Tutte le lettere*), vol. 2, p. 285; tr. di T. Prina.

   – Tr. di un biglietto d'auguri manoscritto inedito; tr. E. Banchelli.

160 Cit. da *Das Glasperlenspiel* (*Il gioco delle perle di vetro*) (1943), WA 9, p. 439; tr. di E. Pocar, Milano 1955.

   – *Gradini* (*Stufen*), scritta nel 1941. Da *Die Gedichte* (*Le poesie*), cit.; tr. di E. Pocar da *Altri romanzi e poesie*, Milano 1981.

161 *Parabola cinese* (*Chinesische Parabel*): da *Die Legenden* (*Le leggende*), Frankfurt a.M. 1975; tr. di T. Prina.

162 *Il vecchio e le sue mani* (*Der alte Mann und seine Hände*), scritta nel 1957. Da *Die Gedichte* (*Le poesie*), cit.; tr. di T. Prina.

163 Cit. da *Ausgewählte Briefe* (*Lettere scelte*), cit., p. 92; tr. di T. Prina.

   – Cit. da ivi, p. 147; tr. di T. Prina.

   – Cit. da *Klingsors letzter Sommer* (*L'ultima estate di Klingsor*), WA 5, p. 334; tr. cit.

164 *Sorella morte* (*Bruder Tod*): scritta nel 1918. Da *Die Gedichte* (*Le poesie*), cit.; tr. di M. Specchio da *Altri romanzi e poesie*, cit.

OSCAR SAGGI

OSCAR UOMINI E RELIGIONI